Niklaus Kuster

Weniger haben – mehr sein

Niklaus Kuster

Weniger haben – mehr sein

Freiräume für ein erfüllendes Leben gewinnen

Patmos Verlag

VERLAGSGRUPPE PATMOS

PATMOS
ESCHBACH
GRÜNEWALD
THORBECKE
SCHWABEN
VER SACRUM

Die Verlagsgruppe
mit Sinn für das Leben

MIX
Papier aus verantwortungsvollen Quellen
FSC® C014138
FSC
www.fsc.org

Die Verlagsgruppe Patmos ist sich ihrer Verantwortung gegenüber unserer Umwelt bewusst. Wir folgen dem Prinzip der Nachhaltigkeit und streben den Einklang von wirtschaftlicher Entwicklung, sozialer Sicherheit und Erhaltung unserer natürlichen Lebensgrundlagen an. Näheres zur Nachhaltigkeitsstrategie der Verlagsgruppe Patmos auf unserer Website www.verlagsgruppe-patmos.de/nachhaltig-gut-leben

Verlagsgruppe Patmos in der Schwabenverlag AG, Ostfildern
www.verlagsgruppe-patmos.de

Umschlaggestaltung: Finken & Bumiller
Satz: mittelstadt 21, Vogtsburg-Burkheim
Druck: Finidr s.r.o., Český Těšín
Hergestellt in Tschechien
ISBN 978-3-8436-1547-1 (Hardcover)
ISBN 978-3-8436-1556-3 (eBook)

Inhalt

Vorwort

Dieses Buch geht von der Lebensweisheit aus, dass weniger oft mehr ist: Weniger Dinge schaffen mehr Bewegungsraum, weniger Gepäck macht leichtfüßiger, weniger Termine lassen mehr Zeit, weniger Ablenkung macht mich achtsamer und weniger Kontakte kommen tieferen Beziehungen zugute.

Die praktische Frage hinter dieser Weisheit lautet: Wie kommen Menschen zu einem guten oder sogar einem beglückenden Weglassen? Das Lassen ist eine Kunst und kann geübt werden. Doch ist das Weglassen zunächst mit Verzicht verbunden: Dinge und Lebensinhalte fallen weg. Dabei gilt es zu bedenken, dass Verzichte nicht immer frei gewählt sind: Es gibt nicht nur das selbstbestimmte Ablegen oder Weitergeben, sondern auch zugemutete Verzichte und ein schmerzliches Verlieren. Das Lassen fühlt sich unterschiedlich an, wenn es ein Verlieren oder ein aktives Ablegen, ein Zurücklassen oder ein beherztes Weitergeben ist. Weglassen zu können erweist sich in all diesen Erfahrungen als Chance, auch wenn es emotional sehr unterschiedlich herausfordert.

Die vielschichtige Herausforderung, durch gutes Weglassen und befreienden Umgang mit Verzichten mehr Lebensqualität, neue Freiräume und tieferes Glück zu finden, begleitet uns auf dem Weg durch dieses Buch. Es geht um das Lassen – sowohl frei gewählt wie zugemutet –, das Lassen-können, -dürfen, -wollen und -lernen, und es geht um das gute Gefühl, das Verzichte leichter und befreiend macht:

Was ich getrost weglassen kann, tue ich gelassen und in manchen Situationen auch getröstet. Individuelles Weglassen ist eine Kunst, doch das gemeinsame Weglassen stellt höhere Anforderungen. Die vier Kapitel dieses Buches werden beides in den Blick nehmen, das Lassen des Ich und das Lassen-Können des Wir.

In einer fünfköpfigen Familie haben sich alle drei Teenager in der »Klimajugend« zu engagieren begonnen. Innerhalb weniger Monate mussten die Eltern daher viel Vertrautes aus ihrem Leben streichen: In der Urlaubsplanung fielen alle Optionen weg, die mit Flugreisen verbunden waren, in der Freizeit der Familie der Gebrauch des Privatwagens und bei Tisch der Fleischkonsum. Die Familie hatte Übung darin, ihr Leben gemeinsam zu bestimmen und alle wichtigen Entscheidungen nach reiflicher Diskussion einmütig oder per Mehrheitsbeschluss zu treffen. Das Weglassen verschiedener Speisen und Freizeitoptionen zugunsten eines nachhaltigeren Lebens und eines kleineren ökologischen Fußabdrucks haben die Jungen beherzt und die Eltern mühevoll umgesetzt. Ein gutes Weglassen-Können gründet auf Einsicht und Erkenntnis: Je deutlicher es sich nicht einfach als Verlust, sondern letztlich als Gewinn erweist, desto leichter fällt es.

Der Gewinn kann mich selber oder andere betreffen. Am Beispiel der klimabewegten Familie ist es zunächst die Mitwelt und die Nachwelt, die von einem nachhaltigen Lebensstil profitiert: Weniger CO_2-Ausstoß schafft mehr Atemluft und weniger Klimaerwärmung, was allen Lebewesen heute und morgen zugutekommt. Ziemlich bald allerdings haben sich die gemeinsam getätigten Verzichte auch für die Familie als Chance erwiesen: Ihr Freizeitverhalten gestaltet sich nun regionaler, ihr Urlaub entdeckt neue Möglichkeiten und ihre Küche entfaltet eine überraschende Kreativität. Das Weglassen ist oft mit einem Weg verbunden: Es braucht nicht selten mehrere Schritte, bis sich Leere in Freiraum verwandelt und das Weggeben von Gegebenem ein neues Handeln mit freien Händen ermöglicht.

Weggeben kann frei gewählt oder zugemutet sein. Eine Freundin, die ihr Leben lang im Urlaub Pilgerwege durch halb Europa zurücklegte, wurde im Älterwerden durch Arthrose gezwungen, auf diese Leidenschaft zu verzichten. Ihr Weglassen war zunächst schmerzlich und keineswegs getrost. Nach einiger Zeit wandelte sich die Leere in einen Freiraum: Die Freundin entdecke, wie wertvoll das innere Pilgern ist, der Gang durch das eigene Leben, das Vertiefen gemachter Erfahrungen und Gefährtenschaft im eigenen Alltag. Ähnliches kann mit Verzichten und Verlusten geschehen, die Beziehungen und die Arbeitswelt betreffen: Das Ende einer Freundschaft, ob frei gewählt und bejaht oder auferlegt und zugemutet, hinterlässt zunächst eine Leere. Diese wandelt sich schrittweise in einen Freiraum, wenn sie nicht einfach erlitten und passiv beklagt, sondern als Freiheit aktiv für einen Aufbruch in Neuland genutzt wird. Vergleichbares kann mit dem Verlust der Arbeitsstelle oder der Wohnung geschehen.

Getrost weglassen können wir Dinge – Objekte, Gegebenheiten und Lebensinhalte –, wenn sich der Verzicht als lebensförderlich erweist: sei es für mich selber, für das Miteinander im Alltag, für andere oder das größere Ganze.

Ein Freund liebte in seinem jungen Singleleben eine Risikosportart und gönnte sich jeden Sommer Abenteuerurlaube. Als er seine Frau fürs Leben fand und diese mit

Blick auf seine Hobbies schlaflose Nächte hatte, verzichtete er auf den geliebten Nervenkitzel. Er entdeckte mit seiner Partnerin dafür andere Formen von Sport, Freizeit und Urlaub, gemeinsam gestaltet und auf neue Weise erfüllend. Als die beiden zusammenzogen, ließ auch die Freundin im gemeinsamen Alltag viele individuelle Freiheiten zurück, um gemeinsame Freiheiten zu entdecken. Als die beiden nach zwei Jahren ihr erstes Kind bekamen, hatte dies einschneidende Auswirkungen auf ihr gewohntes Leben zu zweit: weniger ungestörte Zweisamkeit und Schlaf in der Nacht, weniger und andere Reisen, weniger kulturelle Events in der Freizeit, weniger Bewegungsfreiheit in so vielem. Die persönlichen und gemeinsamen Verzichte fühlten sich bei aller Einschränkung allerdings weder zugemutet noch verfügt an, sondern im Interesse ihres Kindes bejaht und im neuen Familienleben gewählt. Die neue Realität wog Verzichte denn auch mit ganz neuen Formen des Glücks und der Erfüllung auf.

Was bei Heirat oder Elternschaft zu familiär motiviertem Weglassen und Neuentdecken führt, hat bei ehrenamtlichen Tätigkeiten ein größeres Ganzes im Blick. Menschen verzichten auf Freizeit und individuelle Freiräume, um sich sozial, kulturell, ökologisch oder politisch zu betätigen. Sie verzichten dazu auf vieles, um sich für ein gutes Miteinander in der Gesellschaft oder für die Umwelt einzusetzen. Auch darin liegen neben aller Arbeit und Mühe innere Erfüllung und Glück.

Hinter den folgenden Betrachtungen liegen grundlegende Einsichten und Unterscheidungen: Gewählte oder bejahte Verzichte sind sinnvoll, wenn sie zunächst *mir selber* guttun: in meinem Wohnen und Leben, in meiner Arbeit und

Freizeit, für meine Gesundheit und Lebensqualität. Weniger Dinge, weniger Kontakte, weniger Stress, weniger Ablenkung kommen dem eigenen Leben zugute. Gewählte oder bejahte Verzichte können auch *dem Miteinander* im Lebensalltag guttun: in einer Partnerschaft oder Familie, in einer Gemeinschaft oder einem Team. Das gemeinsame Leben verändert Freizeit, Wohnen und Beziehungsnetz. Wo individuelle Freiheit wegfällt, eröffnen sich gemeinsame Freiräume.

Gewählte oder bejahte Verzichte können sodann *gesellschaftlich* motiviert sein: Das zeigt sich etwa in ehrenamtlichen Tätigkeiten, welche im kulturellen, sozialen, politischen Bereich wertvolle Früchte tragen und die in einem größeren Ganzen zu mehr Lebensqualität und Glück beitragen.

Gewählte oder bejahte Verzichte können sich schließlich *ökologisch* nahelegen: Im Reise- und Freizeitverhalten, in Wohnkomfort, Konsum und Küche, Einkauf und Abfallvermeidung kann sich bei allen Einschränkungen mehr Nachhaltigkeit mit einer tiefen Zufriedenheit verbinden: dem guten und dankbaren Gefühl, in unserem »gemeinsamen Haus« der Welt der globalen Vielfalt des Lebens Sorge zu tragen und ihr Zukunft zu ermöglichen!

Verzichte als solche tragen noch nicht zum Glück bei, wenn sie sich nicht als Chance erweisen. Es hilft wenig, ein Übermaß an Dingen oder Terminen zu reduzieren, wenn ich mich mit weniger Stress und mehr Kargheit zu langweilen beginne. Ein Weniger will sich mit einem Mehr verbinden: mehr Raum und Zeit für anderes, mehr Gesundheit und Vitalität, die mir und anderen zugutekommt. Ziel jedes Weglassens ist ein größeres oder tieferes Glück, sei es individuell oder gemeinsam. Führen Verzichte in eine passive

Leere, wirken sie bedrückend und nicht erfüllend. Erst wenn die Leere zum Freiraum wird, wirken Verzichte beflügelnd und machen kreativ. Die selbstgewählte oder verordnete »Freiheit von« wird dann zu einer »Freiheit für«, die neue Optionen nutzt. Wer in der Leere verharrt, fixiert sich auf das Verlorene und hat das Nicht-mehr im Blick. Wer den Freiraum entdeckt, erkennt das Neuland, neue Möglichkeiten und Chancen. Aufbruch wiederum beflügelt die eigene Phantasie oder die gemeinsame Kreativität.

WENIGER UND MEHR

weniger dinge und mehr raum
weniger gepäck und leichtere füße
weniger termine und mehr zeit
weniger kontakte und tiefere beziehungen

***

HABEN UND LEBEN

äußere und innere werte
tragbares und tragendes
habhaftes und vitales
gegebenes und erfüllendes

***

LEERE UND ERFÜLLUNG

ablegen und weitergeben
zurücklassen und freiwerden
leere aushalten und lebensfülle finden
freiheit von und freiheit für

Das Buch geht von meiner eigenen Lebenspraxis und von Erfahrungen in meinem Umfeld aus. Es hat die praktische Lebenskunst wie auch die Spiritualität im Blick. Und ich trete als Franziskaner ins Gespräch mit verschiedensten Lebensentwürfen, mir selbst vertrauten wie auch fremden. Leserinnen und Leser finden Impulse für die eigene Lebensgestaltung, grundlegende Erkenntnisse aus der Geschichte der Menschheit sowie philosophische und spirituelle Betrachtungen. Wo solche das eigene Leben inspirieren, mögen sie zum persönlichen Glück beitragen. Wo sie der eigenen Lebensphilosophie fremd erscheinen, dürfen sie getrost stehen gelassen werden.

Br. Niklaus Kuster

1
Mit leichtem Gepäck unterwegs: Pilgerweisheiten

Vier Personen treffen in einem Intercity-Zug aufeinander. Alle haben ein Minimum an Gepäck dabei, obwohl ihre Reise weit ist. Ihre Freiheit unterscheidet sich ebenso grundlegend wie ihr Lebensglück. Die existenzielle Befindlichkeit der vier Reisenden macht eines deutlich: Materielle Einschränkung kann Ausdruck von innerer Freiheit wie auch von bitterer Not sein. Es gilt gut hinzuschauen! Dieses Buch handelt von Formen der Bescheidung, die mit innerer und äußerer Freiheit zusammenhängen.

Zwei der vier Reisenden, die sich im Frühling 2022 im Viererabteil eines gut gefüllten Zuges der Deutschen Bahn zusammenfinden, sind aus der Ukraine geflohen. Die junge Mutter ist mit dem Töchterchen an der einen Hand und einem großen Rollkoffer an der anderen eingestiegen, die Kleine mit einem Rucksäckchen und ihrem liebsten Stofftier. Nach tagelanger Flucht reisen sie nun durch ein fremdes Land und werden in der Schweiz stranden, ohne zu wissen, was sie da erwartet. Ich wage kaum, mir vorzustellen, wie es mir erginge: aus einem verheerenden Krieg evakuiert zu werden, eine Stunde Zeit zum Packen zu haben, einen Koffer mitnehmen zu können und ihn mit Kleidern, Verpflegung und zwei, drei liebsten Gegenstände zu füllen – und Tage später von Dagebliebenen zu erfahren, dass das eigene Zuhause nun zerstört, die Wohnung zerbombt, das Zurückgelassene verbrannt ist. Die fliehende Ukrainerin hat zudem die quälende Sorge auszuhalten, dass ihr Mann im Krieg weiterkämpft; dazu hat sie ihm die Kreditkarte für das ersparte Geld in der bedrohten Heimat gelassen.

Den beiden gegenüber sitzen ein Pilger und ein Minimalist. Der Pilger reist nach Le Puy-en-Velay, wo unweit der Loire-Quellen ein historischer Ausgangspunkt der französischen Jakobswege liegt. Von da aus wird er zu Fuß rund 1500 Kilometer weit nach Santiago de Compostela pilgern. Sein Gepäck hat er so leicht wie möglich gehalten, um unbelastet und leichtfüßig unterwegs zu sein. Hightech-Kleider und -Materialien reduzieren das Gewicht. Mit Schlafsack und Isomatte liegen auch improvisierte Übernachtungen drin, doch vertraut er auf Pilgerunterkünfte mit Duschen, Wasch- und Kochgelegenheit. Vor ihm liegen zwei Monate Freiheit, die am Morgen nicht wissen muss, wo sie am Abend lagert. Erwartungsvoll blickt er auf diese Auszeit vom Alltag und freut sich auf wechselnde Gefährtenschaft. Im krassen Gegensatz zu den beiden Geflüchteten erwartet ihn danach wieder das vertraute Zuhause, seine Angehörigen und Freunde, sein berufliches Leben und seine Hobbies.

Der Vierte in dieser zusammengewürfelten Gruppe ist ein junger Schweizer Unternehmer auf der Rückreise nach Zürich. Da er weltweit tätig ist und kaum mehr als drei Tage an einem Ort bleibt, hat er seine Wohnung verkauft und lebt seither in Hotels und bei Freunden. Auch er hat sein Gepäck reduziert, dauerhaft! Alle seine Gegenstände sind schwarz, um ihm auch die tägliche Kleiderwahl leicht zu machen – und weil so seine Objekte beim schnellen Einpacken auf weißen Hotellaken weniger leicht verlorengehen. Der moderne Minimalist ist begegnungsfreudig und reist daher auch mal in der 2. Klasse der Bahn. Er lässt den Pilger an seiner Seite in eine Doku des Schweizer Fernsehens schauen, die seinen Lifestyle darstellt. Genau 64 Gegenstände reichen ihm für sein Leben, und sie haben im Handgepäck Platz, was ihm die Flugreisen enorm erleichtert. Hinzu kommen ein gut dotiertes Bankkonto und Besitzanteile an mehreren Firmen rund um den Erdball. »Darum ist er immer unterwegs. Sein Büro ist dort, wo es Internet gibt«, hält die TV-Journalistin fest.[1] In einem Monat fliegt der Unternehmer nahezu zweimal um die Erde. Damit hat der dynamische Single zwar ein spannendes Leben ohne drückendes Gepäck, doch auch einen verheerenden ökologischen Fußabdruck. Es bräuchte eine Vielzahl von Erden, um seinen Verbrauch an Energie und Ressourcen hochgerechnet auf die Weltbevölkerung zu decken.[2]

Von Touristinnen, Geflüchteten und Pilgern: Drei Grundhaltungen

Der polnisch-britische Soziologe Zygmunt Bauman (1925–2017) hat von der modernen Mobilität auf zwei Grundhaltungen in unserer Gesellschaft geschlossen. Seine Diagnose lautet etwas zugespitzt: In Europa und den USA leben viele Menschen in der inneren Haltung von Touristinnen und Touristen, andere in der von Vagabundierenden. Auf die zusammengewürfelte Vierergruppe im Zug angewandt: Der um die Welt jettende Unternehmer, der sich in Hotels verwöhnen lässt und Flugmeilen summiert, steht für die erste Grundhaltung: Wer arbeitet, darf es sich auch gut gehen lassen, sich etwas gönnen und als Gast König sein.

Für Bauman spiegelt sich im klassischen Tourismus die perfekte Konsumhaltung: Der Tourist wählt in Freiheit, wohin er gehen will, und er bestimmt Reisemittel und Aufenthaltsorte nach eigenem Geschmack. Die Touristin hat weder Lust noch Zeit, sich mit etwas abzugeben, das sie unnötig in die Pflicht nimmt, und sie findet keine Zeit, sich um die Probleme anderer zu kümmern. Auch eigene existenzielle Fragen sind oft aufgeschoben. Die Welt lässt sich genießen – und es gilt, von ihren Angeboten möglichst zu profitieren.

Vagabunden und Geflüchtete sind die anderen, die unterwegs sind: Auch sie sind in Bewegung, allerdings ohne die Wahlfreiheit, ihr Ziel zu bestimmen, sondern von Verzweiflung getrieben und von der Not, ihr Überleben zu sichern. Ihr Geschick erinnert daran, dass die Welt kein selbstgemachtes Paradies ist, sondern dass das Prekäre hinter jeder Ecke steht. Auch viele Migranten und Migrantinnen vagabundieren. Sie reisen auf der Flucht vor wirtschaftlicher oder politischer Not durch die Welt in der Hoffnung auf ein besseres Leben. Viele hoffen, einmal den Standard zu erreichen, den sie bei Touristinnen und Touristen erleben.[3]

Was Baumans Skizze nicht mitberücksichtigt, ist eine dritte Grundhaltung: die von Pilgernden. Familienmenschen und Singles ziehen ein paar Tage, Wochen oder Monate zu Fuß durchs Land, setzen sich Wetter und Wegen aus, scheuen auch vor Ungewissem und Prekärem nicht zurück, gehen zielgerichtet, bleiben durch Auf und Ab unterwegs, kommen dabei mit Freuden und Sorgen der Bevölkerung in Kontakt, und sie erfahren, dass das gemeinsame Ziel schon unterwegs unterschiedlichste Menschen verbindet. Das glückliche Ankommen wird – so erzählen Pilgernde aus vielen Jahrhunderten – für Leichtfüßige wie für Strapazierte zum großen Fest. Unterwegs dahin lebt das Pilgern von der Kunst, ohne unnötige Last zu wandern, solidarisch auf dem Weg zu sein, liebe Orte loszulassen und täglich Neuland zu wagen, zielgerichtet zu bleiben, persönlich voranzuschreiten und sich von guter Gefährtenschaft ermutigen zu lassen.

Alle drei Grundhaltungen lassen sich auf das Alltagsleben beziehen: Die Maximierung des individuellen Genusses unter großzügigem Einsatz der eigenen Mittel in Wohnen, Essen, Kleidung und Freizeitgestaltung steht dem Geworfensein von Menschen gegenüber, die äußerlich oder auch innerlich nirgends zu Hause sind, ihre Sicherheiten verloren haben und bang in die Zukunft schauen. Pilgerspiritualität im eigenen Alltag begnügt sich mit dem materiell Notwendigen, bindet sich nicht an Dinge und Orte und sieht das Leben als Weg in einer herausfordernden Welt, die sich ebenso reizvoll zeigt wie sie Strapazen kennt.

Dieses Buch handelt *nicht* von materieller Not und davon, was hilfreich sein kann, Armut und Elend zu überwinden. Es handelt auch *nicht* von der Glücksuche jener, die sich materiell gut absichern und sich vieles leisten. Es geht hier um eine Lebenskunst, die Pilgernde erahnen und von der Philosophien aller Zeiten und unterschiedlichste Religionen sprechen. Vier ausgewählte Zitate können dafür illustrativ stehen:

Nichts gehört uns wirklich, außer der Zeit! –
Geld hat noch keinen reich gemacht. –
Nicht wer zu wenig hat, sondern wer mehr begehrt,
ist wahrhaft arm. –
Betrachte alles Irdische um dich herum
als Ausstattung einer Herberge:
Mache dich auf den Weg und setze deine Wanderung fort!
Seneca
Briefe an Lucilius[4]

***

Wir lieben … unser Haus und unseren Hof und unsere Tiere.
Wir haben Freude an der Seide aus Benares
und genießen den Duft des Sandelholzes.
Ein Verzicht auf diese Freuden
kommt uns wie der Sturz in einen Abgrund vor (…).
Solchen Hausleuten habe ich dann immer gesagt,
dass es mir einmal genauso ging, als ich noch im Haus lebte
und die Sinnenfreuden genoss,
als ich noch nicht das Glück der Stille erfahren hatte,
noch nicht aus dem leidvollen Lebenstraum erwacht war.
Siddhartha Gotama Buddha
Mein Weg zum Erwachen[5]

***

Jede Nation ist ihnen Heimat,
und jedes Vaterland ist ihnen ein fremdes Land.
Die frühe christliche Kirche über ihre Mitglieder
Brief an Diognet[6]

***

Ein Rabbi bekam Besuch.
Außer einem Bett, einem Tisch, einem kleinen Schrank
und ein paar Büchern war nichts im Zimmer.
Der Besucher:
»Haben Sie keinen weiteren Besitz?«
Darauf der Rabbi:
»Sie haben ja auch nur wenige Dinge bei sich.«
Der Besucher:
»Ich bin doch nur auf der Durchreise.«
Der Rabbi:
»Genau wie ich!«
Weisheit der jüdischen Chassidim
Auf Durchreise[7]

Warum das Pilgern boomt: Drei Freiheiten

Alle diese Weisheiten sehen das menschliche Leben, das sich in einer selbsterrichteten kleinen Welt häuslich einrichtet, kritisch: Lebe wie in einer Herberge und setze deine Wanderung vor, rät Seneca. Lebt nicht wie Hausleute und erwacht, wünscht Buddha wahren Glücksuchenden. Der jüdische Rabbi wohnt in seinem Dorf innerlich auf Durchreise. Sich auch in seiner Heimat als Gast zu sehen, rät der frühchristliche Brief an Diognet mit der biblischen Klarheit, dass Menschen immer und überall »Pilgernde und Gäste auf Erden« sind (1 Petrus 2,11).

Die Tatsache, dass moderne Menschen – seien sie religiös sensibel oder auch entschieden unreligiös – in den letzten drei Jahrzehnten das Pilgern wiederentdeckt haben, erklärt sich mit einer tiefen existenziellen Wahrheit. Kein Mensch bleibt ewig auf dieser Welt, und das ganze Leben ist ein Weg, der sich von Etappe zu Etappe verändert. In der Geburt verlässt der Säugling den bergenden Mutterschoß und wird ungefragt in diese Welt gesetzt. Kita und Schule setzen Kinder einem größeren Kreis aus, der die Kinderstube sprengt. Jugendliche lassen ihre Kindheit hinter sich und so vieles, was diese geprägt hat. Erwachsenwerdende lösen sich von der Welt ihrer Jugend, Paare vom Single-Leben, junge Eltern verzichten auf ein großes Stück Zweisamkeit, und Jahre später lassen sie die herangewachsenen Jungen ziehen. Pensionierte müssen sich von ihrer Arbeitswelt verabschieden, Alternde verlieren früher oder später ihre Mobilität wie auch vertraute Menschen, und Sterbende verlassen diese Welt. Pilgerwege machen gleichnishaft erlebbar, was das Leben insgesamt prägt, zumutet und gelingen lässt: unterwegs zu sein mit mutigen Füßen, wachen Augen und freien Händen!

Das Leben bringt immer wieder Aufbrüche mit sich. Jede Biografie wartet mit Neuland auf: sei es das Land neuer Lebensabschnitte oder neuer Beziehungen, neue Formen der Gefährtenschaft, neue berufliche Felder oder sich ändernde Wohnorte mit neuen Beziehungsnetzen. Pilgernde erfahren Aufbruch und Neuland gleichnishaft: Täglich geht es auf ein neues Stück Weg, täglich überraschen andere Landschaften und warten wechselnde Pfade. Pilgern erfordert den Mut zum Aufbruch – in größerem Maße beim Start ins Pilgerleben und dann alltäglich, immer wieder von Neuem unterwegs. Vieles lässt sich abschätzen, und doch warten von Tag zu Tag Überraschungen, fordert das Unbekannte heraus und bleibt der Weg ein Wagnis. Pilgernde brauchen kraftvolle und mutige Füße.

Mutige Füße können auf Abwege geraten, stolpern oder in Sackgassen steckenbleiben, wenn Menschen nicht mit wachen Augen unterwegs sind: weitblickend, umsichtig und wach für Wegverzweigungen. Pilger- wie Lebenswege erfordern eine Wachheit, welche die Realität wahrnimmt. Es gilt, nahe und ferne Ziele im Blick zu behalten und zugleich den Bedürfnissen im Hier und Jetzt Sorge zu tragen. Genügend Trinkwasser und Nahrung sowie passende Kleidung und gutes Schuhwerk dabeizuhaben ist unverzichtbar für ein Pilgern, das ausdauernd bleiben will.

Abraham Maslows »Bedürfnispyramide« gilt auch im alltäglichen Leben: Menschen geraten in Stress, wenn die materiell-physiologischen Grundbedürfnisse nicht gedeckt

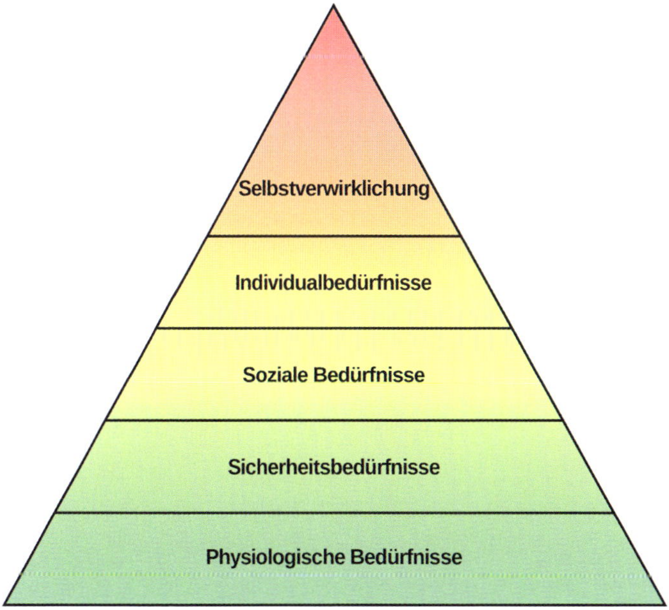

Abb. 1: Die Maslowsche Bedürfnishierarchie
Quelle: Wikipedia Commons / Jüppsche

sind: Luft, Wasser, Licht, Nahrung, Kleidung und Schlaf. Diesen Existenzbedürfnissen folgt das Bedürfnis nach Sicherheit – körperlich, seelisch, materiell – und damit verbunden nach Wohnung, Arbeit und dem notwendigen Lebensunterhalt. Sind diese sichergestellt, erleben Menschen den starken Drang nach sozialer Zugehörigkeit: zu einer Familie oder einem Freundeskreis, einer Gruppe oder Gemeinschaft. Erfahrene Zuneigung und emotionale Geborgenheit bestimmen auf dieser Stufe wesentlich mit über das Glücklichsein. Auf einer vierten Ebene warten Individualbedürfnisse darauf, ernst genommen zu werden: Freiheit, Stärke, Erfolg, Wertschätzung und Ansehen. Sind alle diese Bedürfnisse erfüllt, bleibt eine innere Unruhe. Sie verdankt sich der höchsten Stufe der Bedürfnishierarchie: der Sehnsucht, die eigene Kreativität zu entfalten und sich selbst ganzheitlich zu verwirklichen.

Wache Augen, leibliche wie seelische, behalten die Bedürfnisstruktur des Menschen im Blick. Das Pilgern zeigt zugleich, dass all diese Bedürfnisse sich auch unterwegs erfüllen lassen, außerhalb eigener Sicherheiten und der Komfortzone, außerhalb der selbstgebauten und überschaubaren kleinen Lebenswelt.

Und da kommt die dritte Freiheit ins Spiel: freie Hände! Wer sich festklammert, sei es an Dinge oder Orte, an Menschen oder Lebensphasen, droht stehenzubleiben und kann mit Festhalten selbst Liebstes verlieren. Nur freie Hände können handeln und gestalten, teilen und sich mit anderen verbinden. Je höher wir in Maslows Bedürfnispyramide steigen, desto wichtiger wird Handlungs- und Gestaltungsfreiheit, persönlich wie in Beziehungen. Auch diese Freiheit wird beim Pilgern gleichnishaft erfahrbar: eine Zeitlang weglegen, was mich täglich beschäftigt und was meiner Sorge anvertraut ist, den Pilgerstab nehmen und aufbrechen, nur das Notwendigste im Gepäck und unbelastet, mit Gefährtinnen und Gefährten teilen, vertrauensvoll an fremde Türen klopfen, eine hilfreiche Hand haben für Menschen auf demselben Weg – und wieder loslassen. Ungeübte Pilgernde packen meist zu viele Dinge in den Rucksack und merken unterwegs, dass sie weit weniger brauchen als ursprünglich gedacht. Sie senden Überflüssiges nach Hause oder verschenken es, um leichtfüßiger weiterzuziehen. Ein Bild für das Leben: Sich mit zu vielen Dingen zu umgeben, engt die eigene Lebenswelt ein, und sich mit Verzichtbarem zu belasten, gaukelt Sicherheit vor und schmälert die Freiräume.

Das Leben gewinnt durch freie Hände, wache Augen und mutige Füße – oder mit drei einander verwandten Verben ausgedrückt: Leben gelingt durch Loslassen, Zulassen und Sich-Einlassen.[8] Im Loslassen liegt eine innere und äußere Freiheit; im Zulassen die Kraft, Realität wie Träume anzunehmen und gestalten zu können; und Wege erfordern den Mut, sich auf Neues einzulassen. Leben kann nur so und nicht im Standby fruchtbar werden.

Maximal Wünschbares und minimal Notwendiges

20 Jahre lang habe ich spezielle »Pilgerwochen für Mutige« begleitet. Sie führten jeden Herbst aus einer anderen Himmelsrichtung nach Assisi: sei es aus dem Süden von Norcia, Benedikts Nursia, über mehrere Apenninenketten, oder

von Rom durchs Rietital und über die Martani-Berge; sei es aus dem Westen von Siena oder von Florenz durch die südliche Toskana; sei es aus dem Norden des jungen Arnotals oder von La Verna durch das Tibertal; sei es von Osten aus der Mark Ancona und von der Adria her. Mut erforderte das Setting des Weges: Während Jakobswege oder die Romwege Via Francigena und Via Romea Germanica gut markiert und reichlich mit Pilgerunterkünften ausgestattet sind, ist es unter den Wegen nach Assisi einzig der Sentiero Francescano von La Verna nach Rom, der eine bescheidene Herbergsstruktur bietet. Wenn meine Gefährtinnen und Gefährten für einen der anderen Wege aus dem Nachtzug stiegen, wussten sie, dass sie fortan bis Assisi grundsätzlich obdachlos sein würden. Wir trugen zwar Schlafsack, Isomatte und Kochkessel für Outdoor-Nächte mit uns, nicht aber Zelte. Und das Geld in der Gemeinschaftskasse reichte nur für Verpflegung, nicht für Gastzimmer in Hotels oder Klöstern. »Nicht das Maximum des Wünschbaren, sondern das Minimum des Notwendigen« einzupacken: Diese Devise aus dem Statut der ersten Kapuziner stand jeweils im Wegbrief zur Vorbereitung der Pilgerwoche.

Jahr für Jahr ist diese Woche, die Anfang Oktober durch Mittelitalien führt, ausgebucht gewesen. Oft war sie es schon, bevor das Tauteam sie offen ausschrieb.[9] Die Altersspanne der Teilnehmenden hätte jeweils größer nicht sein können: Sie reichte von Jugendlichen und Studentinnen bis zu fitten Senioren, die sich das Unterwegssein mit Rucksack und Schlafsack noch zutrauten. Ich sehe ein Szenario vor mir, das sich jedes Jahr wiederholte: am ersten Vormittag, mit noch kaum bekannten Gefährten auf den Weg aufgebrochen, die erste Rast!

Wir sitzen auf einer Waldlichtung oder einer ersten Anhöhe im Kreis, glücklicherweise meist bei sonnigem Herbstwetter, wie es für Mittelitalien Anfang Oktober typisch ist, und ich lasse die Aufbrechenden zurückschauen: Was ist zu Hause geblieben? Bett und Esstisch, Küche und Kühlschrank, Vorratsraum und Keller, Dusche und Kleiderschrank, das eigene Auto und so vieles, was unseren Alltag erleichtert. Und was haben wir dabei? Etwas an Kleidern, Nahrung für einen Tag, Schlafsack und Taschenlampe, Teller, Becher und Essbesteck, Sonnen- und Regenschutz, Wasserflasche und Pilgertagebuch. Und was ist unser Zuhause? Die Schöpfungswelt, Mutter Erde und unser eigener Kreis – Menschen, die den Weg mit uns wagen! Und was gibt uns Sicherheit? Das Vertrauen, dass auch der Himmel über uns Sorge trägt und dass Einheimische offene Augen haben, wenn wir uns im Bedarfsfall an sie wenden.

20 Jahre lang habe ich mit diesem klassischen Pilgern auf den Spuren der frühen Franziskaner kleine und große Wunder erlebt – ohne je im Elend zu landen. Unzählige Sternennächte voller Zauber, Regennächte auf Bauernhöfen, in Pfarrsälen oder in klösterlichen Kreuzgängen, abends kulinarische Highlights am Lagerfeuer oder bei überraschenden Gastgebern, Sonnentänze nach erholsamer Nacht im frischen Licht des Morgens, und unterwegs eine Gefährtenschaft einander zunächst kaum bekannter Menschen, die vom ersten Tag an viel mehr als Zeit, Weg und Nahrung miteinander teilen.

Und jedes Mal, wenn wir uns dem ersehnten Ziel Assisi näherten, sagten mehrere im Kreis: »Müssen wir denn schon heute ankommen?« Gewiss lockte nach sechs Tagen und Nächten outdoor unterwegs die Aussicht auf eine warme Dusche und ein weiches Bett, auf köstliche umbrische Gerichte an der langen Tafel auf der Hotelterrasse, frische Kleidung und das federleichte Streifen durch die Stadt ohne Rucksack und schwere Schuhe. Und doch spürten Gefährtinnen und Gefährten, dass die Rückkehr in die Komfortzone auch mit Verlust verbunden sein würde: einem Verlust an Freiheit, die an keine Mauern stößt, an Naturverbundenheit, die keine Grenzen kennt, und an Solidarität im größeren Kreis, die schwindet, wenn sich Gefährtinnen und Gefährten wieder in Zweierzimmern einrichten.

Was Buddha als trügerische Freude an Haus und Hof, Seide und Düften bezeichnete, hat meine franziskanische Seele nie negativ bewertet. Ich lade auch heute noch dazu ein, nach einem herausfordernden Pilgerweg mit seinen Schätzen und Verzichten umso mehr all das wertzuschätzen, was uns im Alltag oft allzu selbstverständlich erscheint: Trinkwasser jederzeit aus dem Hahn fließen zu sehen, an einem Tisch essen und jederzeit Kaffee oder Tee trinken zu können, sich in ein Bett zu legen, ein Dach über dem Kopf zu haben und schützende Wände, Intimität und Geborgenheit zu erleben …

Ich erinnere mich an eine Frau, die ihren Gatten zu einer solchen Pilgererfahrung bewegen konnte. Er war Architekt und sie wohnten in einer prachtvollen Villa in einer der touristischen Traumgegenden der Schweiz. Zurück von unserem Pilgern sei ihr Ehemann in eine Krise geraten: Ihr Wohnen in der eigenen Villa kam ihm nun, trotz traumhafter Lage und Panoramasicht auf den Vierwaldstättersee, als goldener Käfig vor, ohne nähere Kontakte zu Nachbarn, ein Leben in *splendid isolation*.

Menschen können tatsächlich glücklicher werden, wenn sie sich nicht in ihrer eigenen Welt isolieren, materiell zwar bestens ausgestattet, doch beziehungsarm. Das Pilgern lehrt, arm an Dingen und reich an Leben unterwegs zu sein. Der Reichtum an Leben verdankt sich intensiver erlebbaren Beziehungen: der Beziehung zur Mitwelt oder Schöpfung, der sich moderne Menschen in einer zunehmend städtisch geprägten Welt entfremden; der Beziehung zu Weggefährtinnen und Weggefährten, die man sich nicht ausgewählt hat; der Beziehung zu Menschen, die unterwegs freie Augen, Hände und Herzen zeigen; wie auch der Beziehung zu sich selbst, mit Leib und Seele wach auf dem Weg – äußerlich wie innerlich, auch auf dem Weg zu mir selbst.

Pilgern ist unter Religiösen wie Unreligiösen derart *in,* weil es gleichnishaft für den eigenen Lebensweg steht. Am Toreingang zur Einsiedelei Sant Honorat auf Mallorca hängt der folgende Aufruf an Pilgernde, der hier frei übersetzt wiedergegeben wird:

Geh:
Seit deiner Geburt
bist du auf dem Weg:
Geh ihn weiter!

Geh:
Der Weg verbindet dich!
Begegnungen warten.
Wo? Mit wem?
Du weißt es noch nicht.
Vielleicht auch mit dir selbst.

Pilgerweisheiten

Geh:
Deine Schritte werden Worte sein,
der Weg dein Gesang,
Ermüdung dein Gebet,
und auch das Schweigen wird zu dir sprechen.

Geh:
Ob allein oder mit anderen –
tritt heraus aus dir!

Geh:
Auch wenn dein Geist nicht weiß,
wohin deine Füße dein Herz führen.

Geh:
Du bist für den Weg geboren,
den Pilgerweg des Lebens,
und für gemeinsame Schritte!
Ein anderer kommt dir entgegen
und sucht dich,
damit du IHN finden kannst.

Geh:
ER ist das DU, das dich begleitet
und der auch mit dem Du an deiner Seite geht!

2
Viel und wenig: eine Spannung

Viel und wenig – alltagspraktisch

Der Umzug von einem Lebensort an einen neuen bietet existenziell wie materiell Chancen. Diese eröffnen sich vielfältig jenen, die sich lösen können. Findet der Wechsel nicht innerhalb desselben Dorfes oder Stadtquartiers statt, ist er mit einem größeren Loslassen verbunden: Vertraute Infrastruktur, Beziehungsnetze und Lebenswelten vor Ort bleiben zurück und Neuland wartet, sowohl gesellschaftlich wie alltagspraktisch. Jeder Wohnortwechsel, ob er über kleine oder große Distanzen erfolgt, stellt spätestens beim Füllen der Umzugskartons die Frage, wovon wir uns materiell trennen und was wir an den neuen Ort mitnehmen wollen. Ein Umzug zeigt im Großen, was auch im alltäglichen Leben und im Kleinen guttun kann: Aussortieren schafft neue Freiräume.

Ein Paar aus dem Freundeskreis verkauft nach dem Auszug der jüngsten Tochter das rustikale Wohnhaus, das sein Leben während Jahrzehnten geprägt hat. An der Schwelle des Rentenalters lösen sich die beiden vom Eigenheim, in dem zwei Söhne und vier Töchter aufgewachsen sind und das auch für die wachsende Schar der Enkelkinder der gemeinsame Treffpunkt geworden ist. Ein junges Paar übernimmt das Haus dankbar: Es wird Raum für eine neue

Familiengeschichte bieten. Der Wechsel vom Land in eine altersgerechte Stadtwohnung bedeutet für die Wegziehenden sowohl Beschränkung wie Befreiung. Er führt aus einer inzwischen viel zu großen Immobilie in eine überschaubare Wohnung. Der neue Lebensraum kostet vielfältige Verzichte: auf den eigenen Garten, auf Selbstversorgung an Gemüse und Früchten, auf die gemütliche Terrasse, auf die grüne Umgebung mit vielen selbstgepflanzten Bäumen, aber auch auf tausend Dinge! Das radikale Selektionieren, Entrümpeln und Entsorgen von Objekten trennt und befreit von allzu vielem, was sich im Lauf der Jahrzehnte angesammelt hat. Es dauert kräftezehrende Monate, bis das Haus leer steht, alles Brauchbare unter den entbehrlichen Dingen verschenkt oder verkauft ist und die bereitgestellten Umzugskartons gepackt sind. Nach dem Kraftakt ist die neue, kleinere Wohnung bald eingerichtet. Und schon die Zeit des Einlebens macht die neue Freiheit spürbar: So reizend schön der eigene Garten war, die Blumen- und Kräutertöpfe auf dem Balkon erfordern weit weniger Arbeit – und die gewonnene Zeit fließt in ökologische Engagements und das Begleiten von Pilgerwegen, für die die fitten Rentner nun freie Hände und Zeit haben. Die Dinge des täglichen Gebrauchs haben im Zweipersonen-Haushalt in wenigen Schränken Platz. Die neue Lebenswelt ist *small and beautiful,* der neuen Lebensphase angemessen und leicht zu pflegen. Die Enkelkinder kommen auch an den neuen Ort, zwar nicht mehr alle zugleich, doch in einer Abfolge, die für Senioren gut verkraftbar ist. Der Wechsel vom Viel zum Weniger an Räumen und Dingen hat sich als befreiend erwiesen: Das Paar genießt seine neue Freiheit und deren Spielräume.

In der eben beschriebenen Erfahrung von materieller

Entlastung und infrastruktureller Bescheidung liegt eine grundlegende Wahrheit. In uns Menschen steckt bis heute etwas von den steinzeitlichen Sammlerinnen und Jägern. Was wir uns im Laufe der Jahre an Nützlichem oder Zierlichem zulegen, was mal unverzichtbar oder überaus dekorativ war, steht nach Jahren oft ungenutzt im Geräteschuppen, im Keller, auf dem Dachboden, in Schränken oder auf Regalen herum. Viele Objekte behalten dabei zwar Erinnerungswert, doch werden sie still und leise auch zum Ballast. Spätestens die Erben spüren, von welcher Last hier die Rede ist. Die Frage, welche unnütz oder entbehrlich gewordenen Dinge meine Lebenswelt inzwischen einengen, verdient in jedem Lebensjahrzehnt neu gehört zu werden.

Mit möglichst wenigen Dingen zu leben erscheint ausgeprägt asketischen oder minimalistischen Menschen verheißungsvoll. Im eingangs erwähnten Fernsehbeitrag besucht die Reporterin den jungen Schweizer Minimalisten drei Jahre später wieder. Er ist unterdessen verheiratet und hat mit seiner Berliner Frau eine kleine Tochter. Sie leben in einer einfachen Mietwohnung. In der Stube steht ein weißer Tisch mit sechs schwarzen Stühlen. Die weißen Wände sind ohne jeden Schmuck und die Schränke leer. »Etwas karg«, kommentiert die Reporterin. »Ungemütlich?«, fragt der Familienvater zurück. Eine kleine Kaffeemaschine steht nur deshalb in der Küche, weil die Großeltern regelmäßig die Kleine hüten kommen. Sie haben den Nespresso-Spender mitgebracht. Während das TV-Team einen Kaffee bekommt, trinkt das Paar beim Gespräch Wasser aus der Leitung. Während die schmucklose Kargheit ihrer Wohnwelt auf Besucherinnen wenig gemütlich wirkt, empfinden die jungen Eltern sie als befreiend.

Ich erinnere mich an drei sehr unterschiedliche Umzugssituationen meines jungen Lebens: Die erste erlebte ich als 20-Jähriger beim Wechsel in die Universitätsstadt und beim Einrichten meiner Studentenbude, die zweite auf meinem Pilgerweg ins Klosterleben und die dritte fand am Ende meiner Studienjahre statt, mit dem Beginn des praktischen Wirkens.

Der Wechsel vom heimatlichen Dorf in die Stadt meines Geschichtsstudiums bot mir die schöne Erfahrung, mir das erste Mal eine eigene Bleibe einzurichten. Reizvolles Neuland, auch wenn es sich nur um ein einfaches Studio handelte. Im Elternhaus teilten wir vier Brüder uns zwei Zimmer und überließen ein weiteres unserer Schwester, die die Jüngste und das einzige Mädchen war. Das Zimmer, das meinem Bruder Thomas und mir zufiel, war klein. Wir hatten zusätzlich zum eigenen Bett je einen Schrank, der für Kleider, Bücher und persönliches Sammelgut reichen musste, sowie einen gemeinsamen Schreibtisch. Dennoch bot uns das Einfamilienhaus mit einem großen Garten und den umliegenden Wiesen eine reichhaltige Lebenswelt, und in der Freizeit spielten wir mit vielen Freunden aus dem nahen Bauerndorf und den umliegenden Höfen in den Wäldern, an Teichen und in einer nahen Schlucht mit Wildbach.

Der Wechsel ins Studentenleben brachte die Erfahrung mit sich, nun ein eigenes Studio zu haben. Es war doppelt so groß wie das Zimmer, das wir uns zu Hause teilten. Und auch wenn ich mit Blick auf das Budget der Familie sparsam lebte, genoss ich es, meine eigene private Welt geschmackvoll einzurichten: mit drei Büchergestellen, zwei eigenen Schränken, Vorhängen und Bettzeug meiner Wahl, mit eigenen Pflanzen und Bildern an der Wand, die zu meiner inneren Welt passten. Meine Lebenswelt nach persönlichen Vorstellungen zu gestalten wurde eine herzbewegende Erfahrung in meinem Erwachsenwerden.

Zwei Jahre später unterbrach ich das Studium. Dazu trugen soziale Erfahrungen bei, die mich im urbanen Leben schockierten: Obdachlose, die sich im Winter morgens halbsteif aus ihren Schlafsäcken und Pappkartons schälten, Drogenabhängige, in Socken unterwegs, die auf permanenter Jagd nach ihrem Stoff waren, Straßenprostituierte, die durch Menschenhandel heimatlos und zur »Menschenware«[10] geworden waren … Mein privilegiertes Studentenleben bot mir den Luxus, ohne materielle Sorgen ganze Tage in Vorlesungssälen und Bibliotheken zu verbringen. Ich fand es jedoch zunehmend schwierig, mich die meiste Zeit geschichtlich mit dem Mittelalter auseinanderzusetzen, die Abende mit einem lebensfrohen Freundeskreis zu verbringen und dabei tatenlos an den Nöten der Gegenwart vorbeizugehen. In meiner wachsenden inneren Unruhe wurden auch Stimmen aus der Geschichte zur Herausforderung – wie die folgende:

Erasmus von Rotterdam fragte einen Ritter:
»Erscheint es dir richtig, dass dein Nächster hungert,
während du auf die Jagd nach Rebhühnern gehst;
dass dein Bruder nackt ist und vor Kälte zittert,
während deine vielen Kleider
von den Motten zerfressen werden?
(…) dass kein Christ denke, er sei
für sich allein geboren und lebe für sich allein,
und dass er alles, was er hat, und alles, was er ist,
nicht sich selbst zuspricht,
sondern Gott seinem Erschaffer dafür dankt

und gesteht und anerkennt, es von ihm erhalten zu haben.
Woraus folgt, dass alles Gut allen gehört,
denn die christliche caritas kennt kein Eigentum!«[11]

Dass ich schließlich das Kapuzinerleben kennenlernen wollte, hatte zutiefst mit Franz von Assisi zu tun: Er wurde vor 800 Jahren als lebenslustiger Bürgersohn und ehrgeiziger Modefachmann zum Aussteiger, stellte sich auf die Seite der Randständigen und begann, in einer sich polarisierenden Gesellschaft Brücken zu bauen. Beherztes Teilen, bis es keine Not mehr gibt, wurde ein wesentliches Element seiner Lebensphilosophie und seiner Botschaft.[12] Beherzt gelebte Solidarität fand beim jungen Kaufmann, der erst in seiner eigenen Lebenskrise religiös erwachte, ihre Kraft im neuentdeckten Glauben. Wenn die ganze geschaffene Welt sich dem einen Schöpfer verdankt, wird sie zu einer großen Familie. Ihr wäre alles Lebensnotwendige in Fülle gegeben, wenn sich denn alle die Güter der Erde auf faire Weise teilten. Und wenn Gott der liebende Vater aller ist, kann niemand ungerührt an notleidenden Menschen vorbeigehen, die dessen Töchter und Söhne und damit unsere Geschwister sind. Kapuziner sind Reformfranziskaner.[13] Bei ihnen hoffte ich, eine aktualisierte Antwort auf die sozialen Nöte und spirituellen Herausforderungen unserer Zeit zu finden.

Die Schweizer Kapuzinerprovinz lud mich ein, ein zeitgemäßes brüderliches Leben im Geist von Franziskus im Kloster Schwyz kennenzulernen. Ich brach mit meinem Pilgerrucksack auf und wanderte zu Fuß von meinem Elternhaus in zwei Tagen in die Urschweiz. Meine Mutter brachte mir noch ein Köfferchen mit Winterkleidern und zwei, drei lieben Gegenständen voller Erinnerungen ins Kloster. Meine geradezu minimalistische Ausstattung folgte der Überzeugung, dass leere Hände am besten teilen und handeln können. Meine Klosterzelle glich für die nächsten Monate der Wohnung des Rabbis, von dem eingangs in der chassidischen Erzählung die Rede war: ein Tisch, ein Schrank, leere Buchregale, keine Bilder, die wohltuende Kargheit einer Herberge. Natürlich stand mir das ganze Kloster zur Verfügung: der Garten weit größer und vielfältiger als der meiner Eltern, die Küche viel geräumiger, der mit Nussbaumholz getäfelte Essraum historisch, die Klosterbibliothek überaus reizvoll – und die Brüdergemeinschaft vital, bestens vernetzt und gastfreundlich. »Franziskus' Armut bedeutet nicht, möglichst wenig zu haben, sondern möglichst viel zu teilen«, gab mir mein erster Wegbegleiter mit in mein neues Leben. Die Brüder setzten diese Weisheit eindrücklich in die Praxis um. Und so verband sich die Schlichtheit meines Zimmers mit der Schönheit eines historischen Klosters, das in jenem Jahr eben 400 Jahre Kapuzinerpräsenz in Schwyz[14] feierte, und mit dem solidarischen Leben einer Gemeinschaft, deren Mitglieder auch liebevoll »Brüder des Volkes« genannt werden.[15]

Es folgte die eigentliche Lehrzeit, anderthalb Jahre Grundausbildung im Kreis junger Weggefährten, fünf Studienjahre in Luzern, ein Praxiseinsatz in der Zürcher Drogenszene und vier Jahre Studium der Spiritualität in Rom. Franz von Assisi schrieb vor 800 Jahren in die Lebensregel seiner Gemeinschaft, dass die Brüder ihren Lebensunterhalt durch Arbeit verdienen und über die Werkzeuge verfügen sollen, die sie dafür brauchen. Meine Studien hatten zum Ziel, dass ich selber Ausbildner werde und franziskanische Spiritualität tiefer verstehe, lebe und in der modernen Welt vermitteln kann. Als ich 34-jährig frisch promoviert aus Italien in die Schweiz zurückkehrte und ins Kloster Altdorf zog, füllten meine Bücher ein ganzes Auto. Als Begleiter von Pilgerwegen hatte ich mir zudem eine Outdoor-Ausrüstung zugelegt, zu der auch Pfadfinderkochtöpfe und Gaskocher gehörten. Noch fand all dieses Material an Büchern und Ausrüstung in meiner kleinen Klosterzelle über dem Reusstal Platz.

Die folgenden Jahre mehrten meine Arbeitsfelder. Ich wurde als Lehrer an die entstehende Universität Luzern, zu Gastvorlesungen an die Universität Fribourg sowie an die Ordenshochschulen in Venedig, Münster und Madrid gerufen. Die Grundausbildung meiner Provinz war unterdessen mit jener der Nachbarprovinzen vereint und nach Salzburg verlegt worden. So hatte ich freie Hände für das Begleiten unterschiedlicher Gruppen, die Spiritualität – ein Leben mit Tiefe und Weite[16] – suchen. Mein Weg führte vom Kloster Altdorf über Schwyz nach Olten, wo die weltweite Entwicklungszusammenarbeit der Schweizer Kapuziner angesiedelt war. Ich kam als »wandernder Bildungsarbeiter« weit über mein Land hinaus und wurde zu Intensivbildungswochen auch nach Osteuropa, Madagaskar, Thailand, Kolumbien und Mittelamerika gerufen. Das vermehrte Reisen vergrößerte meinen ökologischen Fußabdruck, auch wenn ich grundsätzlich mit öffentlichen Verkehrsmitteln unterwegs bin. Im Kloster Olten gaben die Brüder mir das größte Zimmer. Die Wände füllten sich mit Bücherregalen, und zwischen der immer umfangreicheren Fachliteratur reihten sich nach zwei Jahrzehnten 50 selbstverfasste Bücher. Da mein Urlaub aus Wander- und Pilgerwochen besteht, lagerten unter meinem Bett zwei Schlafsäcke, ein leichter und ein warmer, sowie zwei Zelte, ein Einmannzelt und eines für drei Personen.

Im Sommer 2021 stand nach langer Zeit wieder ein Umzug an: Er führte mich zurück in meine Stammheimat und in unser schönstes Haus, das »Kloster zum Mitleben« in Rapperswil.[17] Hier wartete ein kleines Zimmer auf mich. Es lockte mit einem fantastischen Ausblick auf den »hellsten See der Schweiz«,[18] erforderte aber auch ein radikales Selektionieren meiner materiellen Habe. Tatsächlich gelang es mir, die Anzahl der Umzugskartons drastisch einzuschränken. Der Kern meiner Fachbibliothek findet nun am neuen Lebensort in drei einfachen Büchergestellen Platz, die Kleider, die Pilgerausrüstung, eine umfangreiche internationale Wanderkartensammlung und Computerzubehör in den zwei Schränken. Allerdings stehen in einem weiteren Zimmer auf der Schattenseite des Klosters, das wir nicht für mitlebende Gäste nutzen, weitere Regale, die Unterrichtsmaterialien, geschichtliche und spirituelle Literatur sowie das eigene Bücherlager fassen. Dieses Zimmer ist stimmungsvoll als Aufenthalts- und Gruppenraum gestaltet, und interessierte Gäste greifen oft gern zur spezifisch franziskanischen Literatur. Da meine universitäre Lehrtätigkeit in einigen Jahren enden wird, habe ich mir zum Ziel gesetzt, fortlaufend alle Materialien wegzugeben, die ich nicht mehr wirklich brauche. Studierende und Kursteilnehmende bedienen sich mit Freude! Und damit mein eigenes kleines Zimmer überschaubar bleibt und meine Bewegungsfreiheit nicht eingeengt wird, halte ich ein bewährtes Motto nun konsequent durch: Für jedes Kleidungsstück, das neu in meinen Schrank kommt, muss ein altes weg, und dasselbe gilt für jedes neue Buch. Das Motto erweist sich als wirksam gegen jeden Sammlertrieb!

Herbstliche Bäume haben mich diesbezüglich etwas Wertvolles gelehrt. Ihr Jahreslauf steht im Zeichen der vier Werte Schönheit, Vitalität, Fruchtbarkeit und Freiheit. Der Schönheit blühender und frisch treibender Bäume im Frühling folgt die Vitalität des Sommers, die mit vollem Blätterkleid nicht nur Hitze und Gewittern trotzt, sondern auch Lebensraum für verschiedene Tiere bietet. Im Herbst leuchten viele Bäume farbenprächtig und geben reiche Früchte her. Indem sie dann die Blätter fallen lassen, verschaffen sie sich jene Freiheit, ohne die sie die Schneelast des Winters nicht überstehen würden. Ich betrachtete den krassen Wechsel von der Farbenpracht und der Fruchtfülle des Herbstes in die nackte Leere des Winters lange Zeit mit wehmütigem Blick und im Zeichen des Verlustes. Mittlerweile beeindruckt mich die Großzügigkeit und die Weisheit der Natur: Bäume geben ihre Früchte her, die uns ernähren, und legen ihr reiches Blätterkleid ab, das zu neuer Erde wird. Was bleibt, ist jedoch nicht nur die Freiheit für den Winter und das stille Kräftesammeln für ein neues Jahr, sondern auch neue Zweige und ein neuer Jahrring. In die-

Abb. 2: Baumstamm mit Jahresringen
Foto: Niklaus Kuster

sen sind die prägenden Erfahrungen des endenden Jahres eingeprägt.

In dem Maß, wie ich erkannte, dass auch meine Seele von Jahr zu Jahr innerlich wächst und dass sie den Erfahrungsschatz meiner Jahre in inneren »Jahrringen« birgt, lernte ich, materielle Objekte voller Erinnerungen loszulassen. Arbeiten aus meiner Gymnasialzeit und ein Stapel Vorlesungsnotizen meiner Uni-Jahre – liebevoll aufbewahrt und nie mehr durchgesehen – blätterte ich im Sommer 2021 vor meinem Wechsel nach Rapperswil noch einmal durch. Dankbar und staunend, was aus jenem Saatgut geworden ist, rezyklierte ich dann mehrere Kartons davon als Altpapier. Die inneren Jahrringe und die Tagebücher genügen mir heute, um dankbar auf meine reichen Ausbildungsjahre zu schauen. Dasselbe gilt für die folgenden Lebensetappen.

Viel und wenig – gesellschaftlich

Am Beispiel von Umzugserfahrungen lässt sich aufzeigen, wie vielfältig sich Menschen mit Gütern umgeben können, die einmal nützlich oder zierlich in ihre Lebenswelt kamen und mit der Zeit nur noch herumstehen, selten gebraucht werden und zum Ballast werden. Umzüge bieten die Chance, Entbehrliches wegzugeben, dem neuen Lebensort Leichtigkeit zu verschaffen und sich selber Freiräume zu schenken. Was im materiellen Bereich gilt, lässt sich auch auf das soziale Leben anwenden. Engt ein Übermaß an Dingen unseren Lebensraum ein, kann ein Übermaß an Kontakten und Terminen wertvolle Zeit für uns selbst und für tiefere Beziehungen rauben. Auch da möchte ich von illustrativen Beispielen ausgehen. Für das Lebenspraktische waren es Umzugserfahrungen. Für die soziale Welt blicke ich auf zwei Personen: einen liebenswürdigen betagten Mitbruder und eine junge Frau, die das Teenageralter gestaltungsfreudig hinter sich lässt.

Bruder Tharzis war mir in drei verschiedenen Klöstern eine gute Zeit Weggefährte: Er wirkte als Koch im Kloster Schwyz, während ich das franziskanische Leben kennenlernte. Damals war seine Welt sozial überschaubar. Die Außenkontakte beschränkten sich auf Personen im gleichen Dorf. Die Küche des einfühlsamen Bruders hingegen war der Begegnungsort der Gemeinschaft sowie der Angestellten im ordenseigenen Pflegeheim, das ins Kloster integriert ist. Tharzis hatte auch am Rüstbrett oder am Kochherd für jeden und jede Zeit: Brüder, Angestellte und Besucherinnen, die sich in die Küche setzten und einen Kaffee tranken. Ein glücklicher Mensch in einer sozial tragenden und stimmigen Lebenswelt!

Acht Jahre später trafen wir beide im Kloster Arth wieder zusammen. Ich kam nach Noviziat, Theologiestudium und Sozialpraktikum in der Zürcher Drogenszene ins »Haus der Stille« am Zugersee. Sechs Brüder nahmen hier Woche für Woche sechs Gäste in ihr Meditationskloster auf. Tharzis wirkte inzwischen hier als Koch. Seine Umsicht und seine innere Beweglichkeit zeigten sich darin, dass seine Küche entschieden saisonaler und regionaler geworden war. Gesellschaftliche Diskussionen um Fair Trade und Nachhaltigkeit hatte er zwar nicht in allen komplexen Zusammenhängen verstanden, doch auf seine Weise praktisch beherzigt. Und das Kloster Arth brachte eine gänzlich neue Farbe in sein persönliches Leben. Der ebenso einfache wie liebenswürdige Bruder wurde im eigenen Haus zum Seelsorger. Nun saßen Woche für Woche Gäste in seiner Küche, für deren Freuden und Sorgen er sich Zeit nahm. Oft blieb er mit ihnen nach ihrem Aufenthalt in Briefkontakt, und die Kontakte mehrten sich damit von Monat zu Monat und von Jahr zu Jahr. Oft schrieb er die halbe Nacht an seinen Antwortbriefen und schlief danach im Morgengottesdienst stehend ein. Aus wenig wurde viel: viele Kontakte, viel Austausch, vieles, das der Bruder geteilt und mitgetragen hat – zu viel an allem!

Zwölf Jahre später traf ich Tharzis gealtert im Kloster Olten an, in dem zehn junge Männer als Postulanten mitlebten und unser Leben kennenlernten. Die Gemeinschaft am neuen Lebensort hatte den früheren Koch vom Küchendienst entlastet und ihm das stressfreie Arbeitsfeld der Sakristei zugeteilt. Er hatte die Kirche zu öffnen und sauber zu halten, das Notwendige für die Gottesdienste bereitzulegen, neue Kerzen aufzustellen und die liturgischen Kleider im Bedarfsfall zur Reinigung zu geben. Der Bruder hätte hier ein ruhiges Alter in einer harmonischen Gemeinschaft genießen können. Doch aus dem ruhigen Lebensabend wurde nichts. Tharzis stresste sich wie nie zuvor mit seinem reichen Beziehungsnetz. Auf jede Dankeskarte, jeden Urlaubsgruß und jedes Lebenszeichen antwortete er mit einem ausführlichen Brief. Die Nächte wurden immer schlafärmer und das Nervenkostüm des Bruders immer dünner. Das Grundproblem lag darin, dass Tharzis einmal geknüpfte Kontakte nicht loslassen konnte und krampfhaft weiterpflegte. Er tat es durchaus liebenswürdig, jedoch so, dass er auf leise Distanzierungen mit noch innigeren Briefen antwortete. Auch seine Urlaube wurden Stresszeiten, indem er sich ein kompliziertes Programm erstellte, das ihm zur Kontaktpflege möglichst viele Besuche erlaubte.

Erst eine Krankheit, die ihn derart schwächte, dass er als Patient ins Schwyzer Pflegekloster wechseln musste, befreite ihn aus der permanenten Überforderung, die er sich mit seinen zahllosen sozialen Kontakten aufgeladen hatte. Als ich den gebrechlichen Bruder im Kloster unseres ersten Zusammentreffens wieder besuchte, reichte er mir etwas traurig ein Blatt mit dem Gedicht »Im Nebel« von Hermann Hesse. Tharzis zitierte die zweite Strophe:

Voll von Freunden war mir die Welt,
Als noch mein Leben licht war;
Nun, da der Nebel fällt,
Ist keiner mehr sichtbar.

Was mein Bruder Tharzis im Alter sehr einschneidend erlebte und was Hermann Hesse ernüchtert in Verse kleidete, erfahren viele Menschen. Vertraute Freundinnen rücken, mit zunehmenden Jahren weniger mobil, in die Ferne. Weggefährten sterben weg. Hesse schreibt in der nächsten Strophe des Gedichts:

Wahrlich, keiner ist weise,
Der nicht das Dunkel kennt,
Das unentrinnbar und leise
Von allen ihn trennt.[19]

Bruder Tharzis blieb die Vereinsamung erspart. Er erlebte seine letzten Jahre in einer Brüdergemeinschaft und wurde von pflegenden Frauen liebevoll umsorgt. Und es gab auch in seinem hohen Alter noch diesen und jenen treuen Freund. Damit bestätigte sich im Leben des Bruders ein mongolisches Sprichwort, nach welchem »der Siegreiche viele Freunde« hat, »der Besiegte jedoch gute Freunde«.[20]

Szenenwechsel in das Leben einer dynamischen jungen Frau. Sie näherte sich eben der Schwelle des 20. Geburtstags, an dem die Teenager-Jahre definitiv zurückbleiben. Unter den Digital Natives geboren, gehören soziale Kommunikationsmittel schon früh zu ihrem Leben. SMS, WhatsApp, Instagram, TikTok verbinden sie mit zahlreichen Personen, die sonst außer Sichtweite wären. Chatgruppen, *Freunde* und *Follower* mehren sich laufend. Der Austausch mit vertrauten Freundinnen und weniger bekannten Kollegen geschieht im Alltag der Studentin in einer hohen Frequenz an Kurz- und Kürzestnachrichten, Bildern und Videos.

Selbst der Urlaub blieb davon nicht ausgespart. In die Freude über die kostengünstige und superschnelle Kommunikation »in Echtzeit« mit vielen virtuell Vernetzten mischte sich zunehmend Unbehagen. Muss ich all das lesen, was auf mein Smartphone sprudelt? Bin ich eine schlechte Freundin, wenn ich nicht sogleich reagiere und anderes kommentarlos stehen lasse? Wie viel Zeit setze ich täglich für dieser Art Kommunikation ein?

An der Schwelle zum 20. Geburtstag machte die junge Frau ein spannendes Experiment. Sie kommunizierte mit Blick auf den Advent, dass sie in diesen vier Wochen besinnlicher Vorbereitung auf Weihnachten nur auf drei Kanälen erreichbar sei: in persönlichen Begegnungen am Arbeitsplatz, zu Hause oder in der Freizeit, per Telefon und per Mail. Eine Studienkollegin sorgte dafür, dass wichtige Informationen und Absprachen, die per WhatsApp erfolgten, sie über Mail erreichten. Der Effekt war verblüffend: Es gab mehr Telefongespräche und Begegnungen, die zudem länger dauerten als soziale Kürzel-Kommunikation und die auch wesentlich persönlicher waren und tiefer gingen. Und die deaktivierten Kommunikationskanäle schufen überraschende Freiräume: Das Studieren geschah ohne mediale Zwischenrufe besser fokussiert, das Pendeln im Zug ließ Raum für ungestörtes Lesen von Literatur, die Freizeit gehörte voll und ganz ihr, der Familie und dem Teilen mit real anwesenden Freundinnen. Als die junge Frau am Ende ihrer speziellen »medialen Fastenzeit« die Apps wieder aktivierte, wurde das Smartphone von einer Lawine an Mitteilungen überflutet. Hunderte von WhatsApp-Nachrichten aus vier Wochen! Schon das Lesen einer solchen Flut kostet wertvolle Lebenszeit, von Tag zu Tag. Und das schnelle Reagieren auf Nachrichten und »Geteiltes« reißt dauernd Löcher in das aktuelle Leben und Schaffen vor Ort.

Die junge Frau entschloss sich nach diesem Experiment, ihr soziales Kommunikationsverhalten drastisch einzuschränken, sich aus unnötigen Chatgruppen zurückzuziehen und Geteiltes nur noch in sorgfältig festgelegten Zeitfenstern zu lesen. Zu kostbar erscheint ihr die Zeit, um sie mit dem Stress einer oft oberflächlichen Kommunikation zu vergeuden. Ihre Kontakte sind dadurch weniger, doch intensiver geworden. Das mongolische Sprichwort, das meinen hochbetagten Bruder Tharzis beeindruckte, lässt sich im Fall der jungen Frau wie folgt abwandeln: »Moderne soziale Massenkommunikation verschafft viele Freundinnen und Freunde, Begegnungen jedoch gute«.

Die zwei durch Covid weltweit verursachten Pandemiejahre haben mit ihren zeitweise drastischen Kontaktbeschränkungen breiten Kreisen beides erfahrbar gemacht: den Wert und die Möglichkeiten der neuen sozialen Kommunikationsmittel wie auch die Bedeutung handfester Solidarität. Als Italien auf dem Höhepunkt der ersten Corona-Krise Ausgehverbote erließ, nicht lebensnotwendige Wirtschaftszweige und alle Schulen stilllegte, das kurze Verlassen des Hauses nur für Apotheken- und Arztbesuche, Einkäufe und Hundeausführen erlaubte, verbrachte die Bevölkerung lange Wochen in den eigenen vier Wänden. Eine Familienfrau mit Söhnen im Teenageralter schilderte mir in einem Mail plastisch, welches Konfliktpotential die Maßnahmen erzeugten. So gut das Zusammenspiel in der Familie sonst sei: Die flächendeckende Isolation der Menschen in ihren eigenen Wohnungen, das verhinderte Zusammenkommen mit Freunden, der Verzicht auf Bewegung und Sport hätten allen arg zugesetzt. Ihre Söhne seien emotional zu aktiven Vulkanen geworden, und nur dank Sozialen Medien sei es nicht zu massiven Eruptionen gekommen. Ähnliches erfuhren Paare und Verliebte, die nicht zusammenlebten: Gerade in einer bedrohlichen Zeit wären das Zusammenkommen und Zusammensein wichtige Stützen und emotionale Hilfen, einander zu stärken und zu ermutigen. Wo die Direktbegegnung ausbleiben muss, sorgen mediale Wege zumindest teilweise für Ersatz und beugen der Vereinzelung vor.

Als die Maßnahmen leicht gelockert wurden, blieb es vulnerablen Personen dringlich empfohlen, möglichst zu Hause zu bleiben und sich schon gar nicht in Einkaufszentren und Läden zu begeben. Tausende von Personen konnten in dieser Lage auf tatkräftige Nachbarschaftshilfen vertrauen. Jungere machten sich mit den Einkaufszetteln auf den Weg und besorgten das Gewünschte: Wenn es nicht Verwandte in ihrer

Nähe taten, so sprangen Nachbarinnen ein, Freiwillige der Gemeinde und nicht selten auch Jugendliche, die mit ganz neuen Formen der Aufmerksamkeit und der Generationensolidarität beeindruckten. Das Teilen von Erfahrungen und Erlebnissen mit *Freunden* und *Followern* reicht in solchen Situationen nicht aus, um konkrete Probleme zu lösen. Es braucht das direkte zwischenmenschliche Zusammenspiel, die gegenseitige Hilfe, Solidarität von Hand zu Hand. Wie gut, dass Hermann Hesses traurige Klage sich in der Corona-Zeit nicht auf breiter Flur bewahrheitet hat. Die letzte Strophe seines Gedichtes lautet, wenig ermutigend:

Seltsam, im Nebel zu wandern!
Leben ist Einsamsein.
Kein Mensch kennt den andern,
Jeder ist allein.

Halten wir uns Kontrastbilder dazu aus den Corona-Jahren vor Augen: Wegen geschlossener Kulturzentren und Besuchsverboten in Betagtenheimen kam es vielerorts zu Platzkonzerten vor den Fenstern der Seniorinnen und Senioren. Die Anwohnerinnen und Anwohner ganzer Quartierstraßen schritten, in ihre Wohnungen eingeschlossen, zu spontanem Musizieren und gemeinsamem Singen auf den Balkonen. Seelsorgende, die ihre Kirchen schließen mussten, verbrachten Stunden und Stunden pastoral am Telefon. Betagte Alleinstehende erlebten, dass Nachbarinnen und Bekannte sich telefonisch regelmäßig nach ihrem Befinden und ihren Bedürfnissen erkundigten. Die staatlich verordnete Kontaktbeschränkung der Corona-Krise machte in all diesen Formen den Wert von tragenden Begegnungen neu erfahrbar.

Im Bildungsbereich hat die Covid-Krise zu einem Quantensprung in neuen und noch vor Kurzem kaum denkbaren Formen des Unterrichts geführt: Homeschooling in der Volksschule, Fernunterricht und Fernvorlesungen auch an Gymnasien, Fachhochschulen und Universitäten. Bereits etablierte Angebote von Fernstudium haben kräftigen Aufwind erfahren. Unterrichtete ich selber vorher an der Philosophisch-Theologischen Hochschule Münster im Präsenzmodus, wozu interessierte Hörerinnen und Hörer wie ich oft stundenlange Reisen zu den Blockveranstaltungen auf sich nahmen, finden diese Spezialvorlesungen seit Frühling 2020 im Fernmodus statt: per Zoom, in Konferenzschaltungen. Was Studierende der PTH vor Ort bedauern, beglückt Interessierte von der Ostsee bis nach Assisi. Der Studierendenkreis hat sich von 12–20 im Präsenzmodus auf bis zu 70 gesteigert, und er reicht aktuell vom Elsass bis Taiwan. Das Fehlen der direkten Begegnung in und rund um Präsenzvorlesungen führt seinerseits zu reizvollen Initiativen. Im Frühling 2023 reisten 30 Studierende nach vier Semestern Fernvorlesungen zur Franziskanischen Spiritualität für eine gemeinsame Woche nach Assisi. Sie hat den Nachholbedarf an Begegnung und gemeinsamen Wegen auf begeisternde Weise bedient. An Hochschulen werden sich hybride Modelle des Lehrens und Lernens etablieren: Sie ermöglichen einem erweiterten Kreis den Zugang zu qualifizierter Bildung und suchen zugleich neue Wege, die Studierenden auch untereinander in den direkten Austausch zu bringen.

Viel und wenig – wirtschaftlich

Die Corona-Krise hat auch das Wirtschaftsleben markant verändert. Sichtbar bleibt dies u.a. in Homeoffice-Modellen, die in verschiedenen Branchen weitergeführt werden und Jobs auch familienfreundlicher gestalten. Die morgendlichen und abendlichen Pendlerströme auf den Straßen und in der Bahn werden dadurch kleiner, was der permanenten Überlastung der Verkehrsnetze zu Spitzenzeiten vorbeugt. Leitungsgremien haben entdeckt, dass sich für viele Sitzungen zeitintensive und kostenträchtige Reisen verhindern lassen, weil das gemeinsame Planen ohne gravierende Qualitätseinbuße oft auch in Konferenzschaltungen erfolgen kann. Was der monatelange Stillstand der Fluggesellschaften zunächst erzwungen hat, führt nun dauerhaft zu einem markanten »Weniger« an Geschäftsflügen, internationalen Sitzungen im Präsenzmodus und damit auch an Reisespesen, Zeitverlust und CO_2-Emissionen.

Das im Wirtschaftsleben verbreitete »immer schneller und immer mehr« hat durch die Krisenjahre die Chance erhalten, bisherige Erfolgsrezepte in Frage zu stellen. Die Energiekrise im Gefolge des Ukrainekrieges trägt das Ihre dazu bei, mit aller Entschlossenheit ressourcenschonendere Formen des Wohnens, Reisens und Arbeitens zu finden. Was junge Leute, die sich bei den »Fridays for Future« bzw. der »Klimajugend«[21] (»Wir sind hier, wir sind laut, weil ihr uns die Zukunft klaut!«) engagieren, seit Jahren energisch und erfolglos fordern, erzwingen Corona- und Ukrainekrise aus wirtschaftlichen Gründen: Lieferengpässe und Energieknappheit zwingen zu drastischen Selbstbeschränkungen im Verbrauch der Ressourcen in allen Lebensbereichen.

Ohne radikale Selbstbeschränkung im Verbrauch der verfügbaren Güter der Erde droht der Welt der ökologische Kollaps. Den Ruf nach einem nachhaltigen Wirtschaften und Leben haben Jahrzehnte vor Greta Thunberg schon verschiedene Think tanks eindringlich lanciert. Als frühes Beispiel lässt sich der 1968 gegründete Club of Rome nennen. Er vereint bis heute interdisziplinär Fachleute aus über 30 Ländern, die Wege zu einer Zukunft der Menschheit unter Schutz der Ökosysteme aufzeigen. Seit einem halben Jahrhundert legt die Organisation, die bereits 1973 in Frankfurt den Friedenspreis des Deutschen Buchhandels erhielt, fundierte Risikoanalysen, alternative Zukunftsszenarien und praktische Handlungsoptionen vor, um den Ressourcenverbrauch zu reduzieren, die Lebensgrundlagen der Menschheit langfristig zu sichern und Leben wie Arbeit weltweit menschenwürdig zu gestalten.[22] Um seine Erkenntnisse an die junge Generation zu vermitteln, schufen nationale Gesellschaften des Club of Rome auch ein Netzwerk eigener Schulen. Schülerinnen und Schüler lernen in diesen, das Motto »think globally, act locally« (»denke global und handle lokal«) in der eigenen Lebenswelt umzusetzen.[23]

Als ich 1977 ins Gymnasium kam, diskutierten wir in der Wirtschaftslehre den Bericht »Über die Grenzen des Wachstums«. 1972 verfasst, war diese fundierte Analyse des Club of Rome zum Meilenstein der Nachhaltigkeitsbewegung geworden.[24] Die Menschheit beraubt sich ihrer eigenen Zukunft, wenn sie wirtschaftlichen Erfolg und eigenen Wohlstand weiterhin quantitativ versteht und materiell zu sichern sucht. Materielle Bescheidung und qualitatives Wachstum eröffnen sowohl wirtschaftlich privilegierten wie aufstrebenden Nationen einen gemeinsamen Weg in eine Zukunft, die das weltweite Gefälle überwindet, den Raubbau an den Ökosystemen beendet und einen gerechteren Umgang mit den Gütern der Erde ermöglicht.

Seither stellen verschiedene Umweltorganisationen Werkzeuge zur Verfügung, um die Nachhaltigkeit des persönlichen Lebensstils zu messen. Der WWF entwickelte einen Rechner, der den eigenen Alltag materiell ganzheitlich in den Blick nimmt. Im Internet leicht zugänglich, hilft er allen, den eigenen ökologischen Fußabdruck zu erfassen. Dabei werden die Ressourcen eingeschätzt, die das individuelle Leben alltäglich verbraucht, und die Fläche berechnet, die notwendig ist, um die dafür benötigte Energie und die Rohstoffe zur Verfügung zu stellen. Der Flächenverbrauch wird auf alle Menschen auf Erden hochgerechnet und mit der weltweit real verfügbaren Fläche verglichen. Sowohl national wie individuell lässt sich damit feststellen, welchen Anteil der weltweiten Biokapazität Menschen wie auch Volksgemeinschaften für sich nutzen.

Deutschland kam in einem der jüngeren »Living Planet Reports« des WWF auf einen Fußabdruck von 2,6: Würden alle Menschen auf Erden den durchschnittlichen deutschen Lebensstandard beanspruchen, bräuchte die Menschheit jährlich die Ressourcen von 2,6 Erden. Der deutsche, schweizerische und österreichische Fußabdruck pendelt um fünf Hektar Produktionsfläche pro Person, während eine gerechte Verteilung der verfügbaren Biokapazität bei 1,7 Hektar läge.

Der WWF und das Hilfswerk Brot für die Welt haben den ökologischen Fußabdruck für Deutschland an der CO_2-

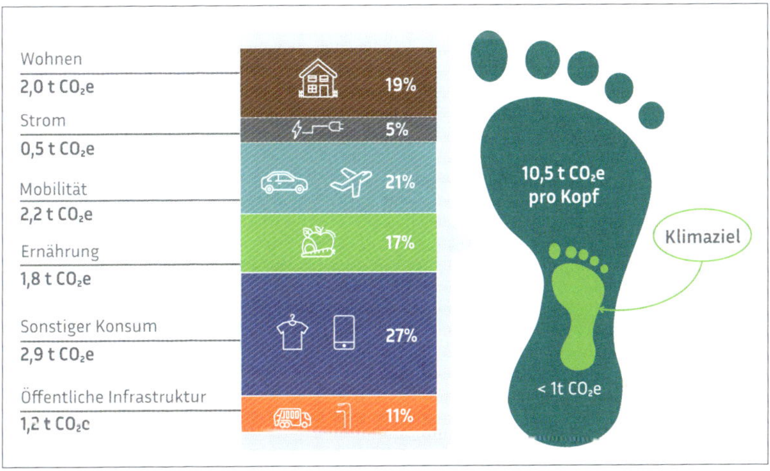

Abb. 3: Durchschnittl. CO_2-Fußabdruck pro Kopf in Deutschland
Quelle: Umweltbundesamt CO_2-Rechner (Stand 2023)

Bilanz pro Person veranschaulicht. Um das Ziel von maximal 2° Klimaerwärmung einzuhalten, dürfte jedes Individuum jährlich höchstens 2,5 Tonnen CO_2 produzieren. Der Fußabdruck in Deutschland liegt derzeit jedoch faktisch bei über 10 Tonnen pro Person.

An Pfingsten 2015 hat Papst Franziskus ein wegweisendes Rundschreiben an die Menschheit veröffentlicht, das die ökologische Herausforderung ganzheitlich in den Blick nimmt: Das Schreiben hat in insgesamt 246 Abschnitten sowohl die naturwissenschaftliche, technologische, philosophische, ethische, politische, wirtschaftliche und alltagspraktische wie auch die religiöse und spirituelle Dimension im Blick. Unter dem Titel »Laudato si' – Über die Sorge für das Gemeinsame Haus«[25] skizziert die erste Mitwelt-Enzyklika eines Papstes damit eine ganzheitliche Antwort auf den drohenden ökologischen und sozialen Kollaps der Welt.

Das Schreiben greift die Vorarbeiten »unzähliger Wissenschaftler, Philosophen, Theologen und sozialer Organisationen« auf (LS 7). Es bietet in aller Dichte eine umfassende Problemanalyse (»Was unserem Planeten widerfährt«), fragt nach der »menschlichen Wurzel der ökologischen Krise« und weist einer ganzheitlichen Therapie den Weg. In der Symptombeschreibung skizziert der Autor die Umweltverschmutzung am Beispiel von Luft, Wasser und Boden, problematische Formen von Abfallentsorgung und Wegwerfkultur, das sich weltweit zuspitzende Trinkwasserproblem, Artensterben, Klimawandel, aber auch den sozialen Niedergang in vielen Ländern, die Migrationsströme und die sinkende Lebensqualität in mehreren Gesellschaftsschichten. Franziskus würdigt die »weltweite ökologische Bewegung« (LS 14) und präsentiert eine Problembeschreibung der größten Krisenfelder unter Einbezug der verschiedenen Wissenschaften. Er kritisiert die Herrschaft von Wirtschaftsmächten, die ohne Rücksicht auf Menschenwürde und Ökologie profitorientiert ein ungerechtes Wirtschaftssystem verteidigen und »selbstmörderisch« mit Gütern und Leben auf Erden umgehen (LS 55). Dabei beklagt er die »Schwäche der internationalen Politik« (LS 54), die offensichtlich von Wirtschaftsinteressen dominiert wird, wie die bescheidenen Fortschritte der weltweiten Klimagipfel bis heute belegen.

Im Kapitel über die menschliche Wurzel der ökologischen und sozialen Krise der Welt (LS 101–136) würdigt der Papst die positive Kreativität der Menschheit, kommt jedoch auch auf die riskante Macht zu sprechen, die dem Traum von der Herrschaft über die Welt folgt. Franziskus vertritt keine Fortschrittsfeindlichkeit: Er sieht die Technik in rasantem Wandel als Ausdruck von Kreativität, die das Mit- und Weitergestalten der Schöpfung ermöglicht. Nur dank unermüdlicher Forschung und technologischem Fortschritt lassen sich Krankheiten überwinden und gigantische Probleme wie die Energie- und Abfallfrage lösen. Franziskus benennt jedoch als riskante Grundhaltung die »anthropozentrische Maßlosigkeit«: Menschen verfügen schon allzu lange herrschaftlich über Güter, Ressourcen und Lebewesen auf der Erde. Das Schreiben benennt sowohl Chancen wie Missbrauch biologischer Innovationen: Entdeckungen und Erkenntnisse der Gentechnologie etwa lassen sich zum Nutzen wie zum Schaden der Menschen anwenden. Die Enzyklika denkt universal und hat die Menschheit als ganze im Blick: Sie fordert reiche Länder auf, ihre neuen Technologien auch ärmeren zugänglich zu machen und entsprechende Entwicklungsinvestitionen zu tätigen, damit Fortschritt und Nachhaltigkeit in allen Regionen der Welt zu einem besseren Leben führen.

Die therapeutischen Abschnitte der Enzyklika setzen zunächst bei einer »ganzheitlichen Ökologie« an und ermutigen dazu, Umwelt, Gesellschaft und Wirtschaft in ihrer engen Verflochtenheit zu sehen (LS 137–162). Ziel einer Neuorientierung ist nicht nur ein umweltverträgliches Wirtschaften, dem sich die Wirtschaftsökologie widmet. Es gilt auch die sozialen Probleme zu erkennen und zu lösen, die eine Folge der Umweltkrise sind (Sozialökologie). Zur Heilung des kranken Ökosystems ist über eine neue Wirtschafts- und Umweltpolitik sowie neue Technologien hinaus die persönliche Ökopraxis aller Menschen im eigenen Alltag gefordert. Eine »integrale Ökologie« trägt auch Sorge für das eigene Geschöpfsein mit Leib und Seele, lehrt ein sensibles Zusammenspiel als Mann und Frau und denkt an das

Wohl künftiger Generationen. All dem steht die Haltung des »Immediatismus« entgegen, das kurzfristige Erstreben von Profit und Befriedigen von Konsuminteressen.

Unter den »Leitlinien für Orientierung und Handlung« ruft Papst Franziskus die internationale, nationale und lokale Politik sowie Entscheidungsträger der Wirtschaft dazu auf, ökologisch, sozial und ökonomisch vernetzt zu denken und zu handeln (LS 163–201). Er wünscht sich »Politik und Wirtschaft im Dialog für die volle menschliche Entfaltung« und im Dienst des Lebens – nicht nur einiger Privilegierter, sondern aller Menschen und aller Geschöpfe. Dazu sind Formen unverantwortlichen Wachstums und unersättlichen Konsums zu überwinden. Nur die Selbstbeschränkung der einen ermöglicht einen gesunden Aufschwung anderer.

Da Religionsgemeinschaften eine größere und tiefere Breitenwirkung erzielen können, sieht der Papst auch einen neuen Dialog zwischen Religionen und Wissenschaften als Teil der Therapie. Ein dritter Abschnitt setzt therapeutisch bei der Spiritualität an (LS 202–245). Ein neuer Lebensstil gelingt am nachhaltigsten aus »innerer Umkehr«. Menschen tragen Sorge für das, was sie lieben. Auf die ganze Mitwelt bezogen, bedingt dies eine neue Beziehungsfähigkeit zwischen Menschen und anderen Geschöpfen (LS 238–240).

Es lohnt sich, grundlegende Passagen zum Thema Genügsamkeit und Achtsamkeit wörtlich zu lesen. Sie gehen von einem »liebevollen Bewusstsein« aus, als Mensch »nicht von den anderen Geschöpfen getrennt zu sein, sondern mit den anderen Wesen des Universums eine wertvolle allumfassende Gemeinschaft zu bilden« (LS 220). Viele Religionen teilen »die Überzeugung, dass ›weniger mehr ist‹. Die ständige Anhäufung von Möglichkeiten zum Konsum lenkt das Herz ab und verhindert, jedes Ding und jeden Moment zu würdigen.« Das setze jedoch voraus, die Dynamik »der bloßen Anhäufung von Vergnügungen zu meiden« (LS 222). Eine solche »Genügsamkeit, die unbefangen und bewusst gelebt wird, ist befreiend. Sie bedeutet nicht weniger Leben, sie bedeutet nicht geringere Intensität, sondern ganz das Gegenteil. In Wirklichkeit kosten diejenigen jeden einzelnen Moment mehr aus und erleben ihn besser, die aufhören, auf der ständigen Suche nach dem, was sie nicht haben, hier und da und dort etwas aufzupicken.« Sie seien es, »die lernen, mit den einfachsten Dingen in Berührung zu kommen und sich daran zu freuen (…). Das Glück erfordert, dass wir verstehen, einige Bedürfnisse, die uns betäuben, einzuschränken, und so ansprechbar bleiben für die vielen Möglichkeiten, die das Leben bietet« (LS 223). Franziskus sieht dazu »ein anderes Verständnis von Lebensqualität« als hilfreich an und ermutigt zu einem »kontemplativen Lebensstil, der fähig ist, sich zutiefst zu freuen, ohne auf Konsum versessen zu sein« (LS 222).

Das Redaktionsteam einer Zeitschrift hat im Sommer 2022 verschiedene Gemeinschaften der franziskanischen Schweiz gefragt, wie sie denn sieben Jahre nach Erscheinen der Enzyklika »Laudato si'« ihren ökologischen Fußabdruck reduziert und zugleich die Lebensqualität gesteigert haben. Die Antworten sind hier im Original wiedergegeben und lassen sich in jeder Lebensform bedenken:

> »Soll ich tatsächlich aufzählen, was wir im Kloster Baldegg zum Thema Umwelt, Bewahrung der Schöpfung oder Energiesparen alles diskutierten, ausprobierten, lernten, umsetzten oder erstritten? Denn wer erinnert sich noch an

die Flecken der ersten Bioäpfel und an die fragenden Blicke, als Biowürste vom Klosterhof auf dem Teller lagen? Oder an die neue Fernwärmeheizung und die Sorge, ob wir nicht frieren würden? Was bewirkten unsere Solaranlagen oder der Schweizer Solarpreis, der 2006 an uns ging? Was der Entscheid für neue Fenster, eine kostspielige Energieverbrauchsanalyse und eine betriebliche Umweltfachstelle, für die Schwester Romana eine Ausbildung für kirchliches Umweltmanagement abschloss? Vieles ist im Kloster Baldegg alltäglich geworden, nicht nur Abfall sortieren, Plastik vermeiden oder mit palmölfreien Putzmitteln reinigen. Schlägt mein Herz deswegen grüner? Oder ist das in den Augen von Franz von Assisi doch ein wenig Greenwashing? Laudato si' lässt mich nicht los!« *(Sr. Marie-Ruth Ziegler, Kloster Baldegg)*

»In der Franziskanergemeinschaft auf der Insel Werd bei Stein am Rhein setzt sich unser Bruder Koch dafür ein, dass wir saisongerechte Früchte aus der Region einkaufen. Im Garten verwendet er biologische Mittel gegen Schädlinge und zur Düngung nutzt er den eigenen Kompost. Für die Heizung sind wir noch immer auf Erdöl angewiesen, das aufwändig vom Festland über den langen Holzsteg transportiert wird. Unsere Lage auf der idyllischen kleinen Insel mitten im Rhein ist beneidenswert, das Haus mit der romanischen Otmarskapelle ist denkmalgeschützt und ein Teil der Insel steht unter Naturschutz, was bauliche Eingriffe schwierig macht. Zusammen mit dem Kulturverein Insel Werd suchen wir aktuell nach einer ökologischeren Lösung, um nachhaltige Energiequellen zu nutzen, die sich mit unserer Mutter Erde besser in Einklang bringen lassen. Die Wasservögel und andere gefiederte Geschwister möchten wir ja auch in der Zukunft fröhlich pfeifen hören.« *(Br. Hans Lenz, Insel St. Otmar im Werd)*

»Seit 2010 heizt das Kloster Ingenbohl alle Gebäude auf ihrem Klosterhügel mit Fernwärme der Firma AGRO Energie Schwyz. Die benötigten 7.000 MWh pro Jahr werden am Standort Ibach durch Verbrennung von erneuerbarem Holz CO_2-neutral produziert. Die Zusammenarbeit lohnt sich: In den Betrieben und Liegenschaften auf dem Klosterhügel leben und arbeiten über 1000 Personen, was einem kleinen Dorf entspricht. Jährlich werden ca. 60 Tonnen Abfälle produziert. Holzabfälle und Nassabfälle übernimmt die AGRO. Die Holzabfälle werden, zu Schnitzeln verarbeitet, im Heizofen verbrannt. Aus den Nassabfällen wird Biogas produziert und zur Stromproduktion eingesetzt. Auch aufgrund der aktuellen Situation auf dem Energiemarkt kann sich das Kloster glücklich schätzen, Fernwärmebezieherin zu sein. Auch der Neubau des Alterszentrums wird an das Fernwärmenetz angeschlossen; zusätzlich wird die Abwärme der Kälteanlagen zurück in die bestehenden Wärmespeicher geleitet, um weitere Energie einzusparen.« *(Raphael Räber, Bereichsleiter Infrastruktur des Klosters Ingenbohl)*

»Im Kapuzinerinnenkloster im Appenzeller Jakobsbad wird im franziskanischen Geist gelebt-erlebt, gearbeitet-verarbeitet und – ganz wichtig – gebetet zu dem einen ›Du‹, das Franziskus so wunderschön in einem Lied besingt. ›Die Natur ist voll von Worten der Liebe‹, sagte Papst Franziskus einmal. Dieser Schöpfung wollen wir Sorge tragen, im Hier und Jetzt. Da setzten wir gern Akzente mit unserer

Erdwärme-Heizung. Unterstützend dazu konnten wir an drei Standorten auf dem Klosterareal Sonnenkollektoren installieren: Energie, die uns Mutter Erde und Bruder Himmel schenken. Im Klostergarten treffen wir auf biologisch bewirtschaftete Flächen, aber auch auf Wiesenflächen, die ihren Charakter ausleben dürfen. Margeriten, Kapuzinerli und Orchideenarten wachsen auf einer nicht steril gemähten Fläche! Bei der Klosterpforte nisten alljährlich Vögel. Da nehmen wir gern den nicht allzu säuberlichen Vorplatz mit ausgelegten Nestmaterialien wie Moos und Hölzchen in Kauf. Geschwisterlichkeit und die gemeinsame Hingabe zeichnen unsere Gemeinschaft aus, Frohsinn und Heiterkeit bekommen Raum in einer Gemeinschaft, die aus acht verschiedenen Charakteren besteht. Leben und Erleben sind alltägliche Geschenke des Himmels im schönen Jakobsbad.«
(Sr. Elisabeth Pustelnik, Kapuzinerinnenkloster Jakobsbad)

»Die fünften Familienferien mit Geflüchteten fordern heraus: neuer Ort, neues Haus, unbekannte Familien, mehr sprachliche und kulturelle Hürden als je zuvor. Dass sich Menschen auf Augenhöhe begegnen, die in der Schweiz sehr unterschiedlich aufgenommen werden, ist nicht selbstverständlich: Sie kommen aus Eritrea, dem Iran, Afghanistan und der Ukraine. Je nach Lebensstil in der Heimat sind die spartanischen Zimmer und das Essen aus günstigen Nahrungsmitteln gewöhnungsbedürftig. Neben einer Roma-Familie am gemeinsamen Waschbecken die Zähne zu putzen, wäre daheim undenkbar. Erneut geschieht ein kleines Wunder: Das erste Abendessen und die Kennenlernrunde, vom ältesten Teammitglied humorvoll gestaltet, schafft Atmosphäre – und Geschwisterlichkeit. Sie prägt die ganze Woche in allen Facetten – fröhlich, herzlich, hilfsbereit, einfach, sorgsam im Umgang mit Essen und Natur. Tägliche Gebetszeiten machen spürbar, wo der Grund unseres Tuns ist und woher wir die Kraft holen. Geschwisterlich und schlicht werden die franziskanischen Ferien für unser Team und die Gäste zum Erlebnis, das nachhaltig stärkt.« *(Monika Bosshard, Franziskanische Gemeinschaft FG, Winterthur)*

»Im Rapperswiler Kloster zum Mitleben sorgen eigene und fremde Entscheidungen für einen schlichten Lebensstil. Die städtische Ortsgemeinde, Besitzerin des Gebäudes, ließ eine Holzschnitzelheizung einbauen, sodass die Wärmeenergie aus dem eigenen Stadtwald kommt. Da das Klostergebäude historisch ist, verwehrt uns die Denkmalpflege jedoch zusätzliche Sonnenkollektoren. Auch Gäste gewöhnen sich an unsere Etagenduschen. Die siebenköpfige Gemeinschaft kommt mit einem Auto aus. In der Freizeit wandern die meisten und auch beruflich nutzen wir öffentliche Verkehrsmittel. Gute Fenster verhindern Energieverlust und Bewegungsmelder reduzieren das Licht in den Gängen. Bruder Remigi versorgt uns als Gärtner mit Blumen, Gemüse und Früchten. Zwei Katzen halten die Mäusepopulation klein und wir teilen den schönen Klostergarten mit acht munteren Schildkröten. Materielle Bescheidenheit fällt umso leichter, da wir in traumhafter Lage vom See umgeben wohnen – weit schöner als Roger Federer es in Sichtweite am nördlichen Seeufer in seiner neuen Villa genießen wird.« *(Team des Kapuzinerklosters Rapperswil)*[26]

Ein unternehmerisches Beispiel für die Verbindung von Genügsamkeit und neuer Lebensqualität stellt das Seminar- und Bildungszentrum Mattli über dem Urnersee dar.[27] Das »Antoniushaus« gehört der Franziskanischen Gemeinschaft der Deutschschweiz, die sich im Sinne der päpstlichen Enzyklika »Laudato si'« zu noch beherzterer Nachhaltigkeit entschloss. Nachdem bereits eine effiziente Wärmeisolation des Hauses, die Installation von Solarpanels und die Umgebungsgestaltung zur Förderung der Biodiversität markante Zeichen gesetzt haben, beschloss die Trägerschaft des Hauses, auch die Küche entschieden regional auszurichten. Auf den Tisch kommen seither nur noch Produkte ohne lange Transportwege, konkret: solche aus der Schweiz. Ausgenommen sind Kaffee, Tee und Gewürze, die inländisch nicht produziert werden. Statt Orangensaft kommt morgens Trauben- und Apfelsaft in das Frühstücksbuffet. Das Küchenteam entdeckte nach anfänglicher Krise in Rezeptbüchern aus der Zeit ihrer Großeltern, wie phantasiereich und genussvoll die einheimische alpine Küche früher einmal war, als es noch keine Supermärkte mit Waren aus aller Welt gab. Das Bildungszentrum veranschaulicht damit exemplarisch, was Papst Franziskus unter einem neuen Lebensstil versteht: Die christliche Spiritualität lehrt »eine Rückkehr zu der Einfachheit, die uns erlaubt innezuhalten, um das Kleine wertzuschätzen« und »dankbar zu sein für die Möglichkeiten, die das Leben bietet, ohne uns an das zu hängen, was wir haben, noch uns über das zu grämen, was wir nicht haben« (LS 222).

Viel und wenig – politisch

Im politischen Leben kann die Vielzahl sowohl Rezept wie Gefährdung der Vitalität sein. Demokratien verteilen die Macht auf viele, Oligarchien auf wenige und Diktaturen auf einen Einzelnen. Das alte Rom emanzipierte sich von etruskischen Königen und etablierte sich als latinische Republik, die sich nach einem halben Jahrtausend durch Bürgerkriege zu einem Kaiserreich wandelte. Dessen Imperatoren herrschten vom Atlantik bis Mesopotamien und von der Grenze Schottlands bis an den Rand der Sahara. Das Weltreich verlangte eine starke Hand und die Kaiser hatten sich als Feldherrn an den bedrohten Grenzen zu bewähren. Die Römische Republik war für einen Stadtstaat konzipiert und mit dem schnellen Wachstum des Reiches zunehmend überfordert.

Seit Solon, dem Vater der Demokratie im alten Griechenland, gilt nicht die Herrschaft weniger oder Einzelner als verlässlichster Weg der Politik, sondern die Mitbestimmung möglichst aller Glieder einer Gemeinschaft. Um 640 v. Chr. in Athen geboren, machte sich der Sohn aristokratischer Eltern zunächst als Lyriker und Redner einen Namen. Er wurde als Kämpfer gegen die Schuldsklaverei und als Verfechter einer Politik, die jeden Bürger einbezieht, derart beliebt, dass ihm der Weg zur Alleinherrschaft offen gestanden hätte. Solon entzog sich jedoch seiner Heimatstadt nach der Umsetzung seiner politischen Reform für zehn Jahre und ging auf Reisen. Seine Mitbürger waren somit gezwungen, die ihnen zugetraute Eigenverantwortung gemeinsam in die Tat umzusetzen. Der Wegbereiter der attischen Demokratie spricht in seinen Liedern erstmals von »unserer Polis« und zielt dabei auf eine von allen Gliedern gemeinsam verantwortete Gemeinschaft ab.

Eine Gesellschaft entfaltet sich dann gut, wenn sie ein gutes Miteinander anstrebt, das auf Gerechtigkeit und Partizipation aller setzt. Der politische Vordenker erkannte in der Habsucht der führenden Schicht und im alten Recht, verschuldete Mitbürger in die Fremde verkaufen zu können, eine Wurzel tiefer Spaltung und wachsender Unruhe. Raffgier der einen und Elend der Armen hängen eng zusammen und drohen die ganze Bürgerschaft ins Unglück zu treiben. Um alle Bürger in politische Prozesse einzubeziehen, schuf Solon neben dem Areopag des Adels den »Rat der 400« sowie Volksgerichte. Popularklagen ermöglichten es, Amtsträger wegen Gesetzesverstößen gerichtlich verfolgen zu lassen. Von seinen Reisen zurückgekehrt, erlebte Solon jedoch ernüchtert, dass sich in Athen mangels politischer Wachheit eine neue Alleinherrschaft anbahnte.[28]

Die Geschichte zeigt, dass Staaten in der Krise anfälliger sind für autoritäre Formen der Führung. In den Wirren der Französischen Revolution setzte sich Maximilien de Robespierre mit eiserner Hand durch, und als die Grande Nation sich von großen Koalitionen gegnerischer Monarchien bedroht sah, stieg der korsische Feldherr Napoléon Bonaparte 1799 zum Ersten Konsul auf, um sich fünf Jahre später in der Kathedrale Notre Dame von Paris selber zum Kaiser zu krönen. In der Krisenzeit nach dem Ersten Weltkrieg folgte Italien, eben erst demokratisch geworden, seinem neuen Duce Benito Mussolini, und der jungen Weimarer Republik Deutschlands versprach in den Jahren der Weltwirtschaftskrise ebenfalls ein totalitär gesinnter Führer einen baldigen Ausgang aus der Not. Tatsächlich entmachtete der Nationalsozialist Adolf Hitler bald darauf alle anderen Parteien, unterdrückte jede Opposition und stürzte ganz Europa in den Zweiten Weltkrieg. Wie empfänglich selbst die erste moderne Demokratie der Welt für populistische Führergestalten ist, haben die USA durch Donald Trump in erschreckender Weise gezeigt.

In den meisten modernen Demokratien streben Parteien nach möglichst vielen Parlamentssitzen und träumen politische Exponenten von einer absoluten Mehrheit ihrer Fraktion. Alleinherrschaft einer Partei oder eines politischen Führers verspricht, das eigene Programm am effizientesten umsetzen zu können: ohne lange Diskussionen, ohne Kompromisse und lästige Störmanöver einer Opposition. Die langjährige Erfahrung von Staaten, in denen sich dominierende Parteien in der Macht ablösen, zeigt allerdings, dass das Wahlvolk von der jeweiligen Politik schnell einmal ernüchtert ist und oft nach kurzer Zeit für einen Wechsel sorgt. Parteien wechseln aus der Opposition in die Regierung und korrigieren den Kurs der Vorgängerin nicht selten markant. Barack Obama gewann die Wahlen in den USA mit dem markanten Kampfbegriff »change«. Die Demokratische Partei setzte nach ihrem Sieg alles daran, nach der Herrschaft ihrer republikanischen Rivalin einen Kurswechsel vorzunehmen. Die Midterm-Wahlen beschnitten ihre Macht nach zwei Jahren durch ein neues Übergewicht der Grand Old Party im Kongress. Donald Trump wiederum suchte nach seinem Einzug ins Weiße Haus, die Politik seines Vorgängers sowohl auf internationaler wie ökologischer, sozialer und wirtschaftlicher Ebene zu pulverisieren. Die Folge war nicht nur eine dramatische Polarisierung der amerikanischen Gesellschaft, sondern auch eine schmähliche Abwahl des Präsidenten und eine nationale Krise, die in Washington zum gewalttätigen Sturm auf das Kapitol ausartete. Joe Biden suchte nach dem Sieg der Demokraten das Ruder erneut herumzureißen, ohne allerdings die tiefe politische und gesellschaftliche Polarisierung überwinden zu können.

Italien hat es nach seinen notorisch häufigen Wechseln zwischen Rechts- und Linksregierungen geschafft, unter Mario Draghi im Februar 2021 eine breit abgestützte Regierung der nationalen Einheit zu bilden. Der in der EU bestens vernetzte frühere Präsident der Europäischen Zentralbank gewann das Vertrauen Europas und der Welt zurück. Italien konnte sich über milliardenschwere europäische Investitionsprogramme freuen und »Super-Mario« fand über alle Parteien hinweg breiteste Unterstützung im Volk. Dass der Regierungschef seine Politik jedoch nicht nur an eine Parlamentsmehrheit, sondern an einen breiten Konsens band, wurde ihm im Sommer 2022 zum Verhängnis. Einmal mehr in der wechselhaften italienischen Politik witterten einzelne Parteien aufgrund aktuell günstiger Zustimmungswerte ihre Chance im Sturz der Regierung und in Neuwahlen. So deutlich sich sowohl der Staatspräsident wie Exponenten von Gesellschaft, Kultur, Wirtschaft und Bürgermeister vieler Kommunen für den Fortbestand der Regierung Draghi aussprachen: Die politische Rechte stellte ihre Parteiinteressen und ihren Machthunger über das Wohl der Nation. Für politische Beobachter in aller Welt blieb nur Kopfschütteln. Und viele entsetzte italienischen Bürgerinnen und Bürger mussten unerwartet früh wieder an die Wahlurnen gehen, ohne Aussicht auf eine weitere Konsenspolitik und mit Sorge vor neuer politischer Instabilität, internationalem Vertrauensverlust und wirtschaftlichen Rückschlägen.

Deutschland sammelt nach der 16-jährigen Ära Merkel Erfahrungen mit einer Drei-Parteien-Koalition. Bei den Bundestagswahlen 2021 erreichte keine Partei 30 Prozent Stimmenanteil, was die Regierung von Olaf Scholz zu neuen Formen gemeinsamer Politik zwingt. Dass der Wirtschaftsminister und die Außenministerin von den Grünen, die sich in der Ukrainekrise und in der drohenden Energiekrise profiliert haben, den Bundeskanzler aus der SPD in den Schatten stellten, und dass zudem der Finanzminister aus der FDP unverhohlen Klientelpolitik betreibt, stellte das Dreiparteienbündnis schon nach wenigen Monaten auf den Prüfstand. Die abstürzenden Zustimmungswerte der Ampel und die zunehmenden Proteste im Land zeigen, dass das Regieren in einer Mehrparteienkoalition eine Kunst ist, die hohe Anforderungen stellt.

Österreich lässt sich seit 1983 von wechselnden Koalitionen aus zwei Parteien regieren. Die Schweiz wird seit vielen Jahrzehnten von einer Bundesregierung geleitet, in der sich die vier größten Parteien erfolgreich zusammenraufen. Sie zählen zwischen 14 und 28 Prozent der nationalen Parlamentssitze. Die Tatsache, dass keiner Partei viel Macht zukommt und jede Parlamentsfraktion insgesamt überschaubar bleibt, hat sich als Segen für das Miteinander in einem Land mit vier Kultur- und Sprachräumen erwiesen. Die wirtschaftsfreundlichen Freisinnigen, die linke Sozialdemokratie, die christdemokratische Mitte und die nationalkonservative Volkspartei verpflichten sich in der Regierung zu einem kollegialen Zusammenspiel. Sieben gleichgestellte Minister bilden die Kollegialbehörde, von denen einer im jährlichen Turnus auch den Bundespräsidenten stellt und bei Staatsbesuchen als Primus inter pares auftritt. Das politische System der Schweiz, die ohne Hauptstadt auskommt und möglichst viele Kompetenzen bei den Kantonen (Ländern) belässt, nennt sich Konkordanzdemokratie. Wichtige Probleme löst ein Bundesminister nicht nur im Kollegium und mit dem Parlament, sondern auch im Dialog mit den Konferenzen der kantonalen Minister. Der Bundesrat, wie die nationale Regierung heißt, setzt sich aktuell zudem aus vier deutsch-, zwei französisch- und einem italienischsprachigen Mitglied zusammen. Er spiegelt damit die multikulturelle Zusammensetzung der Nation.

Die politische Stabilität, die wirtschaftliche Blüte und der soziale Friede des Landes verdanken sich dieser Kultur, die Minderheiten nicht überfährt, sondern integriert. Instrumente der »direkten Demokratie« ermöglichen es außerdem jeder Partei, jedem Verein oder auch einzelnen Bürgerinnen und Bürgern, dass politische Entscheidungen der Regierung oder des Parlamentes verpflichtend einer Volksabstimmung unterbreitet werden. Dazu reichen 50.000 gesammelte Unterschriften von Stimmberechtigten. Nicht selten bewirkt bereits die Ankündigung eines solchen Referendums, dass politische Entscheidungsträger den Dialog mit der Basis suchen und Kompromisse finden. Der Preis einer Demokratie, die keiner Partei viele Parlamentssitze gibt und die Verantwortung auf möglichst viele verteilt, ist die Langsamkeit. Parlamentarische Prozesse und die Regierungsarbeit benötigen viel Zeit, um zur Konkordanz zu finden. Ihr Gewinn sind jedoch Kontinuität und Stabilität, die sich auch sozial und wirtschaftlich auswirken.

Im Jahr 2014 veröffentlichte der Korrespondent der »Süddeutschen Zeitung« ein Buch über seine zeitweilige Wahlheimat in den Alpen. Der Titel dürfte dazu geführt haben, dass viele Schweizerinnen und Schweizer es nicht lasen: »Die Besserkönner« klingt in Schweizer Ohren entweder unbescheiden anmaßend oder riecht nach Kritik.[29] Tatsächlich handelt es sich jedoch um eine ebenso wohlwollende wie geistvolle Würdigung der nationalen Eigenart der Schweiz. Wolfgang Koydl wirkte zuvor als Korrespondent in der Türkei, den USA und England und hatte damit reiche Vergleichsmöglichkeiten. Das Porträt schafft es, in den Nachworten sowohl von Christoph Blocher wie von Jean Ziegler gepriesen zu werden, dem Vordenker der nationalkonservativen SVP und einem der prominentesten Exponenten der SP. Drei große Kapitel analysieren die kulturelle, politische und wirtschaftliche Struktur der Schweiz. Der deutsche Autor zeichnet auf, welche geschichtliche Entwicklung hinter dem »Sonderfall« Schweiz steht und wie ihre Institutionen zusammenspielen. Unter den typisch schweizerischen Tugenden macht der wach beobachtende Journalist aufsässige Bravheit, selbstbewusste Bescheidenheit, und neben Zuverlässigkeit und Höflichkeit auch Kompromissbereitschaft, Konzilianz und Savoir vivre aus.

Dass Schweizerinnen und Schweizer den Imperativ durch den Konjunktiv ersetzen und in Verhandlungen statt mit Maximalforderungen mit Kompromissangeboten einsteigen, macht ihnen das Leben außerhalb des eigenen Landes öfter nicht leicht. Zu den charakteristischen schweizerischen Werten zählt der Autor Selbstverantwortung, Eigeninitiative und Freiwilligenarbeit. Mit Roger de Weck, dem einstigen Chefredaktor des Zürcher »Tages-Anzeiger« und ebenfalls Berufseinwanderer, nennt Koydl die Schweiz »das egalitärste Land der Welt«. Die politische Stabilität des Landes schreibt der Autor der hohen Gemeindeautonomie, dem Milizsystem, dem Sprach- und Kulturföderalismus wie dem »Zusammenspiel von Tausenden subtiler Gleichgewichte« zu.

Die Schweiz ist tatsächlich ein Land, das seit Jahrzehnten weder markante Regierungs- noch politische Kurswechsel zu verkraften hatte. Und sie bleibt schon ebenso lange von größeren Streiks verschont. Der jüngste machte 2022 kurz Schlagzeilen: Als unzufriedene Mitarbeitende der Swiss und des Zürcher Flughafens einen neuen Gesamtarbeitsvertrag forderten, streikten sie einen Tag lang – und dies bezeichnenderweise in den Pausen und der Freizeit, nicht während der Arbeit. Das Land im Herzen Europas, das sich seit Jahrhunderten »Eidgenossenschaft« nennt, inspiriert Mitglieder des EU-Parlaments, von einer föderalistischeren Europäischen Union zu träumen. In der Schweiz gibt es kein Vetorecht einzelner Kantone, das den Bundesstaat lähmen könnte, sehr wohl aber eine politische Kultur, die möglichst viele Minderheiten einbezieht und zu breit abgestützten Lösungen führt. Solon, der Vater der attischen Demokratie, würde sich darüber freuen, dass seine Vision einer vitalen Polis sich auch auf ganze Nationen übertragen lässt.

Viel und wenig – spirituell

Spiritualität ist ein junger Begriff. Er bezeichnet ein inspiriertes Leben mit Tiefe und Weite. Jede Religion kennt und lehrt eigene Wege der Inspiration. Die jüdische Religion orientiert sich dabei an Leitgestalten wie Abraham und Mose sowie an großen biblischen Propheten. Sie alle lösten sich aus einer sesshaften und gesicherten Existenz, um aufgrund persönlicher Gotteserfahrungen selber eine neue Zukunft zu suchen bzw. dem Volk Israel den Weg zu einem Leben in Fülle zu weisen. Abraham und Sara wanderten aus ihrer Stammheimat aus und führten lange Jahre ein Nomadenleben, um Nachkommenschaft zu bekommen. Mose verhieß den aus Ägypten ausziehenden Stämmen Israels Zukunft in einem »Land, in dem Milch und Honig fließen«. So karg die Wüstenwanderung auch wurde, die Hunger, Durst und Strapazen zumutete – sie versprach, in eine Freiheit zu führen, die jeder Familie im »Gelobten Land« zu ihrem eigenen Haus mit Reben, Feigenbaum, Getreideacker und Olivenbäumen verhelfen würde. Die spätjüdische Gestalt der personifizierten Weisheit begegnet Suchenden an der Schwelle ihres Hauses und an den Stadttoren des Landes. Auch wenn Israels Geschichte Zeiten von Krieg und Not, Hungerjahre, die Kargheit der Wüste und die Fremde des Exils kennt, verbindet der biblische Glaube ein Leben in Fülle mit einem blühenden Staat auf fruchtbarer Erde, mit Freiheit und Gemeinschaft, mit familiärem Glück und dem Wohlergehen aller, die im »Gelobten Land« wohnen. *Shalom,* mit dem sich Israeli bis heute grüßen, meint weit mehr als Frieden: auch Gesundheit an Leib und Seele, Gemeinschaft, Geborgenheit und ein erfülltes Leben.

Christliche Spiritualität orientiert sich am Juden Jesus von Nazaret, seinem Leben und seiner Botschaft. Der Laienrabbi aus Nazaret sagte von sich, er sei gekommen, damit Menschen »Leben in Fülle« fänden. Seinen Jüngern und Aposteln, die ihm in seinem Wanderleben folgten, verhieß er bereits auf Erden für jeden Verzicht das Hundertfache: »Häuser und Brüder, Schwestern und Mütter, Kinder und Äcker« (Mk 10,30). Das von ihm verkündete Gottesreich bedeutete ein neues Miteinander von Menschen mit Gott und untereinander, befreit, befreiend und ohne soziale Exklusion. In der Urkirche verstanden sich Gläubige aller sozialen Schichten und jeder Herkunft als Töchter und Söhne des himmlischen Vaters, als Geschwister und Jüngerinnen Jesu und als Freundinnen und Freunde der göttlichen Geistkraft. Das neue Bewusstsein führte zu einer »Revolution der Werte«, sprengte enge familiäre Beziehungen, integrierte in eine Familie ohne Grenzen und lehrte eigene Mittel solidarisch zu teilen.[30] An diese evangelisch-frühchristliche Botschaft knüpft Papst Franziskus an, wenn er in seinen Schreiben von »universaler Geschwisterlichkeit« spricht und diese 2020 in der Enzyklika »Fratelli tutti« auf die ganze Menschheit bezieht.[31]

Als die Frühe Kirche im 4. Jahrhundert zur staatstragenden Reichskirche aufstieg, wozu der Kaiser sie mit Macht, Reichtum und imposanten Bauten ausstattete, erhielt eine asketische Bewegung mächtigen Auftrieb. Bereits vor der »Konstantinischen Wende« bereiteten ihr erste Pioniere in Ägypten den Weg. Sie folgten nicht der Lebensweise Jesu, sondern primär dessen Rat an den reichen Mann, alle Habe zu verkaufen, das Geld den Armen zu geben und ihm zu folgen. Faktisch folgten die Aussteiger am Nil jedoch dem Beispiel Johannes des Täufers, der zur Zeit von König Herodes Antipas in der Wüste am Jordan lebte und sich da nach biblischer Auskunft von Heuschrecken und wildem Honig ernährte.

Jesu eigene Wüstenzeit dauerte damals nach Aussage der Evangelien nur 40 Tage. Der Wanderprediger fand danach im Hause Simons am See Gennesaret ein neues Daheim und kehrte in Jerusalem bei Marta und Maria von Betanien ein. Gegner verschrieen ihn als »Fresser und Säufer«

und die Evangelisten sprechen von Festen, Mählern, gutem Wein und kostbaren Ölen. Der Rat Jesu an den Reichen – auf den wir im vierten Kapitel dieses Buches eingehender zu sprechen kommen – hatte einen nach Lebensfülle Dürstenden im Blick: Der Rabbi rief ihn mit leeren Händen in eine Nachfolge, deren Sendung darin bestand, mitten unter den Menschen Frieden in die Dörfer und Städte zu tragen, Bedrückte aufzurichten, Krankheiten zu überwinden, Menschen aus Zwängen zu befreien und sozial Randständige in die Gesellschaft zurückzuführen.

Dessen ungeachtet wurden in der Spätantike asketische Gestalten zu christlichen Leitbildern eines besonders gottverbundenen, weisen und freien Lebens. »Aszetik« wurde denn auch zum Sammelbegriff für Literatur, die heute unter dem Titel Spiritualität kursiert. Warum faszinieren asketische Menschen bis heute? Weshalb ziehen sich auch moderne Zeitgenossen für Tage oder Wochen in Klöster zurück, wo sie in kargen Zimmern wohnen, auf soziale Medien verzichten und sich im Schweigen üben? Eine Spurensuche durch die Anfänge des Mönchtums sucht aufzuzeigen, warum dessen Wege des Verzichts und der Askese auch nach Jahrhunderten noch faszinieren: Mönche und Eremitinnen suchen sichtbare Formen der Leere, um eine tiefere Erfüllung zu finden.[32] Die Frage, welche Botschaft an heutige Menschen sich mit den frühen Klöstern verbinden kann, ist am Ende dieser geschichtlichen Spurensuche beantwortet.

Als eigentlicher Pionier der Wüstenaskese und »Vater des Mönchtums« in Ägypten gilt Antonius Eremita »der Große«. Er lebte seinem zeitgenössischen Biografen Athanasius von Alexandrien zufolge 251–356 und wurde damit über 100 Jahre alt. Der Sohn einer wohlhabenden christlichen Familie in

Mittelägypten verlor die Eltern in jungen Jahren, wurde von Jesu Bergpredigt und seinem Rat an den reichen Mann erschüttert, vertraute darauf seine jüngere Schwester asketischen Frauen an und zog sich selber an den Rand seines Heimatdorfes zurück, um sich Tag und Nacht dem Gebet zu widmen. Als seine Freunde und Dorfgenossen ihn da immer öfter besuchten, floh er in eine verlassene Grabstätte in der Wüste und schließlich in eine zerfallene Festung weit abseits der Zivilisation. Nach 20 Jahren einsamen Lebens, die den Asketen im Ringen mit sich selbst zu einer tiefen Menschenkenntnis führte und zum Gottesfreund werden ließ, zog Antonius sich schließlich auf den kargen Berg Colzim unweit des Roten Meeres zurück. Hier scharten sich Jünger um ihn. Sie hielten sich in der Oase des heutigen koptischen Klosters Deir Mar Antonios auf, während der Meister in einer Berghöhle lebte. Athanasius berichtet, dass der Gottesfreund und weise Ratgeber in Krisenzeiten seine Bischofsstadt besuchte, konkret etwa in der Christenverfolgung von 311 und bei innerkirchlichen Streitigkeiten im Jahr 337. Antonius gilt als erster großer »Mönchsvater«, wobei der griechische Begriff »monachos« (Mönch) auf »monos« verweist: das Eine und einzig Wichtige, das Mönche in der Gottesfreundschaft finden, weshalb sie sich von allem Verzichtbaren trennen. Weil jeder Besitz Menschen besetzt und »besessen« machen kann, lösten sich Wüstenasketen von allem materiellen Haben und öffneten sich mit freien Händen und freier Seele für jenes unsichtbar-gegenwärtige Du, das die evangelische Theologin Dorothee Sölle in unserer Zeit »mehr als alles« nannte.[33]

Während Antonius sich in Mittelägypten vom individuellen Asketen zum Leiter einer Eremitenkolonie wandelte und zum weisen Ratgeber wurde, bahnte sein Zeitgenosse Pachomios (287–346) dem klösterlichen Leben den Weg. Der koptische Name des Pioniers bedeutet »Adler«. Als Bauernsohn heidnischer Eltern in Oberägypten geboren, wurde der Kopte in jungen Jahren für die römische Armee zwangsrekrutiert. Er lernte als Soldat in Theben eine christliche Gemeinde kennen, deren caritative Nächstenliebe ihn zutiefst beeindruckte. Aus der Armee entlassen, wurde er im Jahr 308 selber Christ, stellte sich in den Dienst Schwerkranker und wurde dann Schüler des Asketen Palamon. Die Erfahrung, dass Aussteiger in der Wüste nicht selten äußerlich wie innerlich verwahrlosten, brachte Pachomios zur Einsicht, dass Askese und Gottsuche durchschnittlichen Menschen gemeinschaftlich und diszipliniert besser gelingen dürfte. Vorbild dazu war ihm biblisch das Idealbild der Urgemeinde in Jerusalem (Apg 4).

Eine erste Klostergründung scheiterte am Egoismus verschiedener Mitglieder, eine zweite gelang mit radikaler Gütergemeinschaft sowie gemeinsamem Beten und Arbeiten. Die Gründung im verlassenen Dorf Tabennesi am Nil wurde zu einem derart attraktiven Erfolgsmodell, dass die Mönche bald die Zahl von Hunderten und schließlich von dreitausend erreichten, die Pachomios auf neun Männerklöster aufteilte. Auch Frauen folgten diesem Modell und besiedelten zwei Nonnenklöster. Pachomios selbst leitete den Klosterverband als Generalabt von Pbow (etwa 100 Kilometer nördlich von Luxor) aus, visitierte die Gemeinschaften und setzte deren Obere ein.

Das Zusammenleben Hunderter von Mönchen am selben Ort erforderte eine geradezu militärisch straffe Organisation. Ein gut eingespielter Rhythmus von gemeinsamem Gebet,

Gottesdienst und spirituellen Lesungen sowie schweigendem Arbeiten und Essen sollte Mönche wie Nonnen das »Beten ohne Unterlass« (Paulus) und eine beständige Gottverbundenheit ermöglichen. Die »Brüder« trugen ärmellose Kleider mit Kapuze und Sandalen. Ihr Arbeiten im Kloster deckte die materiellen Bedürfnisse einer kargen Lebensweise, die für Kranke und für Gäste sorgsam gemildert wurde.[34]

War in den pachomianischen Klöstern das Individuum diszipliniert in ein Kollektiv eingebunden und von diesem weitgehend sorgenfrei getragen, entwickelten sich in krassem Kontrast dazu individualistische Formen der Hyperaskese: Mönche, die als »Dendriten« auf Bäumen lebten und den Erdboden nie mehr berühren wollten, »Reklusinnen« oder »Inklusen«, die sich in Höhlen oder Zellen einmauern ließen und auf diese Weise weltflüchtig wurden, »Adamiten« die aus Sehnsucht nach dem Paradies auf Kleidung und Obdach verzichteten und ungeschützt in der Wüste lebten, sowie »Styliten« oder Säulensteher, von denen mehrere als Heilige verehrt wurden. Das berühmteste Beispiel unter ihnen ist Simeon der Stylit (389–459), dessen Säule in Syrien bereits zu Lebzeiten zum Wallfahrtsziel wurde. Ursprünglich Schafhirte, lebte Simeon zunächst im Kloster Borj Seba, wechselte nach zehn Jahren auf einen Berg bei Aleppo und ersetzte dort seine Hütte schließlich durch eine Plattform auf einer Säule. Der Zustrom von Schülern und Pilgernden zwang ihn, seine Säule von zuerst fünf auf 15 und schließlich auf 20 Meter zu erhöhen. Wind und Wetter ausgesetzt, körperlich verwildert und seelisch ganz auf den Himmel ausgerichtet, ernährte er sich vegetarisch von dem, was seine Jünger ihm in einen abgeseilten Korb legten. Der weltflüchtige Gottesfreund zog nicht nur Hunderte von Neugierigen an, sondern erwies sich auch als Ratgeber und Wunderheiler, der aus seiner hohen Warte, eigener Herzenskenntnis und guter Distanz Ratschläge in die unterschiedlichsten Lebenslagen gab.

So wenig jesuanisch und nachahmenswert solche Formen der Hyperaskese von heutigen Menschen empfunden werden, sie machen doch eines deutlich: Die Reduktion materieller Interessen und Bedürfnisse kann zu einer Innerlichkeit und Weisheit führen, die Zeitgenossen zutiefst beeindruckte. Die imposante Wallfahrtskirche, die nach Simeons Tod um seine Säule herum entstand, ist im syrischen Qal'at Sim'an (»Simeonskloster«) ein eindrucksvolles Zeugnis dafür.[35]

Bereits Siddhartha Gotama Buddha lehrte den Weg radikalen Verzichts auf Besitz, Komfort und materielle Genüsse, um innerlich zu erwachen und ganz frei zu werden. Auch unter den frühen griechischen Philosophen gab es Schulen wie die Kyniker, die in der Loslösung von allen materiellen Interessen und im Vernachlässigen körperlicher Bedürfnisse den Weg zu großer Unabhängigkeit, innerer Freiheit und wacher Offenheit für geistige Schätze lehrten. Was an all diesen spirituellen Modellen zu Recht wenig gesund erscheint, sind die Facetten von pessimistischer Weltflucht und unsensibler Leibfeindlichkeit.

Im antiken Mönchtum setzen sich schließlich zwei gebildete Klostergründer durch, die in den orthodoxen Kirchen des Ostens und in der lateinischen Westkirche zu den prägenden »Mönchsvätern« werden. Ihre Regeln überzeugen durch das gute Maß in allem und die Verbindung einer gesunden Selbstliebe mit Menschen- und Gottesliebe.

Basilius der Große von Cäsarea (330–379), der als einer der hochgelehrten Kirchenväter in die Geschichte einging, sah das Leben von Mönchsgemeinschaften im Zeichen der

Freundschaft zu Christus und in einem neuen Jüngerkreis. Sein »Asketikon« interpretiert Jesu Lehren an die galiläischen Jünger mit Blick auf ein Gemeinschaftsleben Unverheirateter oder enthaltsamer Ehemänner, die das Modell der Jerusalemer Urgemeinde in städtischen Klöstern zu verwirklichen suchten. Basilius' Mönche lebten gelehrt und stadtverbunden im Dienst der Menschen. Sie verbinden bis heute die persönliche Heilsuche mit Seelsorge, Caritas sowie Engagements in Kultur und Bildung. Das soll allerdings nicht zu Aktivismus führen. Bezeichnend dafür ist die folgende Passage aus dem Prolog des »Asketikons«: »Gott hat uns auch zu dem Zweck vereint, dass wir uns immer wieder für die Stille und die Ruhe öffnen, fernab von der ständigen Besorgtheit der Menschen, und unseren Geist nicht dauernd mit Werken zu beschäftigen; und nachts soll nicht die ganze Zeit, die uns bleibt, dem Schlaf und der Schlaffheit des Körpers gehören.«[36]

Im Westen wird Benedikt von Nursia (480–547) ein vergleichbares Klostermodell schaffen. Als Student aus den Sibillinischen Bergen nach Rom gekommen und bald einmal von der Weltstadt angewidert, sammelte der junge Mann zunächst eremitische Erfahrungen in Subiaco, wurde dann von lokalen Eremitenkolonien zu ihrem Leiter gewählt und wechselte im Jahr 529 schließlich mit Gefährten auf den Montecassino nördlich von Neapel. Dort fanden die monastische Erfahrung seiner eigenen Gemeinschaft und die praktische Weisheit aus anderen Klosterregeln zu einer Synthese, die als Benediktsregel im Abendland unter den Karolingern faktisch Monopolcharakter erlangen sollte. Sie leitete bis ins Hochmittelalter Mönchs- wie Nonnengemeinschaften von Italien bis Britannien und von Spanien bis Böhmen. Sowohl klassische benediktinische Gemeinschaften wie deren Reformen von Cluny, Hirsau und Cîteaux richteten sich nach dieser Regel, zu deren Schlüsselmotiven Gemeinschaft und Stabilität (stabilitas) gehören. Ein sorgsam geordnetes Leben soll Mönche wie Nonnen auf das Wesentliche ausrichten. Dazu verhilft Stabilitas als Getragensein in einer Gemeinschaft (Regel 1–7), mit den tragenden Alltagsrhythmen von sieben Gebetszeiten am Tag und einer in der Nacht (Regel 8–20), durch eine gemeinsame Disziplin (Regel 21–30), in einer sorgsam geregelten Lebensform (Regel 31–66) und unter väterlicher Leitung (Regel 2 und 64).

Benedikt gründet seine Gemeinschaften nach dem Zusammenbruch des römischen Westreiches und in den Turbulenzen der Völkerwanderung. Das mag erklären, weshalb er im bewegten Zeitgeschehen und dessen Umbrüchen die Sehnsucht nach Stabilitas derart vielschichtig bedient. Die äußere Unruhe und die Orientierungslosigkeit der damaligen Gesellschaft bedingten eine gewisse Trennung von der Welt, auf das Notwendige reduzierte Kontakte, das Leben in einem geschützten Raum *(in claustro)* und eine wirtschaftliche Autarkie, die sozial, kulturell, spirituell und liturgisch das Leben als kleine Kirche in der Kirche erlaubte *(ecclesiola in Ecclesia)*.[37]

Während monastische Klöster das biblische Ideal der Urgemeinde von Jerusalem mit Gütergemeinschaft, Communio der Herzen und beständigem Beten (Apg 2 und 4) gleichsam in die Einsamkeit von Bergen, Wäldern oder Inseln verlegen, werden die Bettelorden des Hochmittelalters dieses wieder in die Städte zurückholen. Die Motive von Weltflucht, Abgeschiedenheit und durchgehendem Schweigen machen dabei einer neuen Menschennähe, der Integration in das urbane Leben und dem pastoralen, kulturellen und sozialen Dienst an der Gesellschaft Platz. Was diese Brüder- und Schwesterngemeinschaften mit Mönchen und Nonnen in der Praxis teilen, sind die tragenden Tagesrhythmen, persönliche und gemeinsame Freiräume für Meditation und Gebet, das gemeinsame Gestalten und Teilen des Lebensraumes, Tischgemeinschaft und Gastfreundschaft. Anders als monastische Gemeinschaften verstehen sie sich entschieden geschwisterlich und sehen sich wie Jesu Jünger »in die Welt gesandt«. Auf die franziskanische Spielart von Brüder- und Schwesterngemeinschaften, die besonderes Gewicht auf die »evangelische Armut« legten und diese mit einer betont einfachen Lebensweise und sozialer Solidarität verbindet, werden wir im dritten Kapitel dieses Buches zurückkommen.

Was macht das Faszinierende an Klöstern auch unter heutigen Familienmenschen und modernen Singles aus? Weshalb finden vielfältige Angebote von »Kloster auf Zeit« anhaltend hohe Nachfrage? Was haben Klöster – abgesehen von einer oft reizvollen Lage in unberührten Gebieten oder an schönen Orten – heutigen Zeitgenossinnen und Zeitgenossen zu bieten? Ich selber begleite Gäste in einem »Kloster zum Mitleben«, das, auf drei Seiten vom Zürichsee umgeben, an der mittelalterlichen Stadtmauer von Rapperswil und am Schweizer Jakobsweg liegt. Was Gäste seit 30 Jahren oft wiederholt oder auch erstmalig zu uns führt, für ihren Alltag stärkt und beglückt, sind tatsächlich die Verbindung von Schutzraum und Freiraum, die tragenden gemeinschaftlichen Tagesrhythmen, ein achtsames Miteinander und eine Geschwisterlichkeit ohne Grenzen, die sorgsame Liebe zur Mitwelt sowie Impulse und Gespräche, die in die eigene Tiefe führen. Dazu verzichten Gäste eine Zeitlang auf einen oft turbulenten Alltag, in dem berufliche Termine, soziale

Kontakte, familiäre Aufgaben und persönliche Interessen die Tage nicht selten übervoll oder gar hektisch werden lassen.

Klöster laden in je eigener Weise dazu ein, sich einzuschränken, um Zeit und Raum für das Wesentliche zu finden. Einschränkung, Askese und Verzichte sind dabei nicht ihr Ziel, sondern Mittel der Fokussierung auf eine tiefere Sehnsucht nach Leben und auf die achtsame Verbindung von gesunder Selbstliebe mit Menschenliebe und – für religiös Offene – mit Gottesfreundschaft. Zwei illustrative Modelle aus der Frühzeit der Ordensgeschichte können dies gut veranschaulichen: ein »Kellion« (eine Zelle) bzw. eine Eremitage im Nildelta, wie es sie im alten Ägypten zu Hunderten gab und die auch von »Wüstenmüttern« bewohnt worden sind,[38] und das altirische Inselkloster Nendrum aus dem 5. Jahrhundert.

Die Rekonstruktion eines altägyptischen Kellions, von denen es im und um das Nildelta noch immer zahllose Fundamente gibt, zeigt den geschützten Lebensraum eines Eremiten oder einer Eremitin. Eine Mauer umschließt

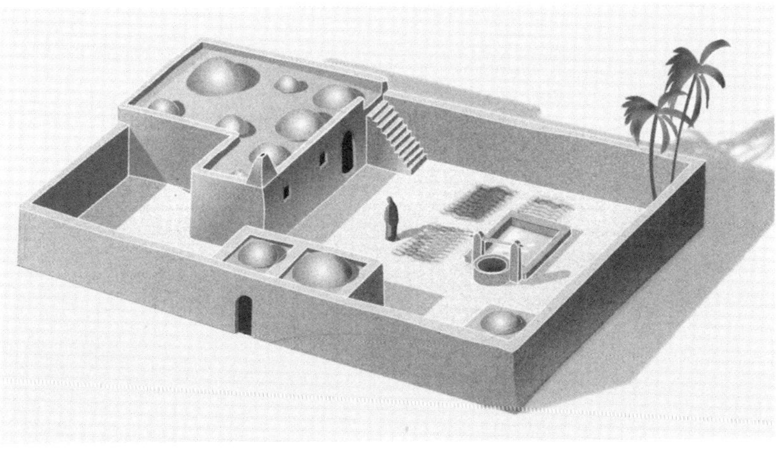

Abb. 4: Rekonstruktion einer Einsiedelei der Kellia in Ägypten[39]
© Jaca Book

ein kleines Grundstück, in dessen Innenbereich sich ein paar Dattelpalmen, ein Sodbrunnen mit Grundwasser und ein Gemüsegarten für die vegane Ernährung finden. Die schlichten Wohnräume, aus Ton gebaut, sind beheizbar und bieten auch Platz für einen oder zwei Schüler. An der Pforte zu dieser kleinen Binnenwelt findet sich ein Sprechzimmer, in dem Ratsuchende empfangen werden, und in einer entfernten Ecke des Gevierts ist das Klo untergebracht.

Das altirische Kloster Nendrum, das in die Zeit der Christianisierung der Grünen Insel zurückreicht, entstand südöstlich von Belfast am Strangford Lough. Da es eine größere Mönchsgemeinschaft beherbergte, ist es komplexer angelegt, zeigt allerdings denselben Sinn für räumliche Ordnung und das Wesentliche.

Alle Bedürfnisse der Gemeinschaft haben ihre Räume und Zeiten. Das Kloster gliedert sich in drei konzentrische Kreise, die je von einer Mauer umschlossen sind. Die Außenmauer dieses Inselklosters hat eine Pforte zum nahen See hin, an dessen Ufer eine Bootsanlegestelle den Kontakt zur Umwelt erleichtert. Die runde Zelle des Pförtners, der den Zugang zum Kloster hütet, befindet sich praktischerweise direkt an dieser Pforte. Der äußere der drei Ringe bietet Raum für Viehzucht und Feldwirtschaft, die dem Lebensunterhalt der Gemeinschaft dienen. Der Ring hat einen von innen verschlossenen Hinterausgang ins Hinterland des Klosters, in dem sich weitere Weideflächen wie auch Wälder für die Holzbewirtschaftung finden. In geschützten Bereich selber stehen, gut getrennt, auch die Ställe für die Tiere und die Scheunen für das Erntegut. Der zweite Ring beherbergt an der inneren Pforte die Rundhäuser für Gäste, die Zelle des Gastbruders und einen größeren Gemeinschaftsraum

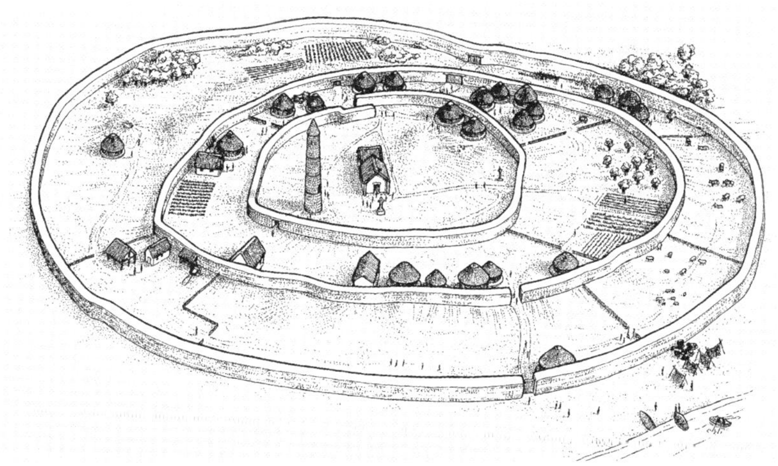

Abb. 5: Skizze des irischen Klosters Nendrum[40]
© Verlag Gill & Macmillan

mit der Tafel. Die Mönche selber sind durch Obst- und Gemüsegärten von diesem Bereich getrennt und leben in Gruppen gemeinschaftlich ebenfalls in Rundbauten aus Holz. Ihnen steht der Zugang zum innersten Kreis jederzeit offen, in dem sich die Kirche mit Bibliothek, das Haus des Abtes und ein Haus für prominenteste Spezialgäste befindet. Der steinerne Rundturm, von dem die ganze Anlage zu überschauen ist, gibt durch Glockenzeichen dieser räumlich wohldurchdachten Welt auch einen zeitlichen Rhythmus, der durch Gebets- und Essenszeiten getaktet wird. Zudem können sich bei Gefahr (etwa durch Wikingerüberfälle) alle in den Turm zurückziehen: Der Eingang liegt mehrere Meter über dem Boden; bevor die Tür verschlossen wird, wird die Leiter hochgezogen.

Das Kloster Nendrum ist gleichsam ein schlichtes Vorgängermodell für die komplexeren Benediktinerklöster, wie sie sich in karolingischer Zeit europaweit durchgesetzt haben und für die der sogenannte »St. Galler Klosterplan« des späten 8. Jahrhunderts modellhaft ist. Die Botschaft solcher Klosterwelten, die Zeit und Raum für alles Wesentliche vorsehen, kann modernen Menschen folgende Ermutigungen mitgeben:

1. *Schaffen Sie sich in Ihrem Alltag Raum und Zeit für das Wesentliche!*
2. *Lassen Sie sich von Unwesentlichem und Nebensächlichem nicht unnötig vereinnahmen!*
2. *Geben Sie Ihrem Leben die passende Form, die Sie erfüllt und »in Form leben« lässt!*
3. *Lassen Sie sich von guten Zeitrhythmen tragen, wenn nicht täglich, so doch wöchentlich!*
4. *Suchen Sie die Balance zwischen Aktivitäten, Ruhe und gemeinsamer Zeit mit den Ihren, zwischen Ich und Wir!*
5. *Ziehen Sie nichts Ihrer größten Liebe vor!*
6. *Verbinden Sie sich auf Erden auch mit dem Himmel!*

3
Weniger Dinge und mehr Leben

Die Konzentration auf das Wesentliche, das dem Leben Erfüllung, Tiefe und Weite verleiht, zeichnet sowohl Klosteranlagen wie Ordensregeln aus. Nach dem Dargelegten lohnt sich ein Blick auf moderne und ganz profane Versuche, persönliche Einschränkungen mit Zeit und Raum für das Erfüllende und Beglückende zu verbinden. Die eingangs erwähnte Sendung des Schweizer Fernsehens zum Thema »Macht Verzicht glücklich?« stellt neben dem vielreisenden Minimalisten Cédric Waldmüller vier weitere Personen vor, die je eigene Verzichte auf sich nehmen und ihre Lebensqualität damit steigern: eine junge Studentin, die mit Minimal Waste glücklicher ist; einen früheren Pornostar, die sich durch radikalen Sexverzicht selber findet; einen Landschaftsgärtner, der sein Mobiltelefon fortschmiss, um begegnungsintensiver zu leben; und eine Sozialpädagogin, die in einer mobilen Jurte auf einem gastfreundlichen Bauernhof lebt, um weltoffener zu sein.

Die Sendung präsentiert insgesamt fünf Extrembeispiele, die je auf ihre Weise zeigen, wie Lebensqualität durch Verzicht gewinnen kann. Die Porträts veranschaulichen, wie breit das Spektrum gewinnender Verzichte sein kann: Sie betreffen nicht nur eine einengende Fülle materieller Sachen, sondern auch ein Zuviel an Kontakten und Terminen, eine Überfülle an Konsumgütern oder eine bedenkliche Überproduktion von vermeidbarem Abfall. Extreme sind oft nicht nachahmenswert, doch können die porträtierten Beispiele inspirierende Fragen aufwerfen, wo die eigene Lebensform mit weniger Dingen, Kontakten oder Terminen mehr erfüllendes Leben erfahren kann.[41]

Essentialismus – Nicht »Was brauche ich?«, sondern »Was macht mich glücklich?«

Cédric Waldburger beweist als Minimalist, dass ein Single in Mitteleuropa problemlos mit 64 Gegenständen und ohne eigene Wohnung auskommt. Dass er damit auch ein erfolgreicher und international tätiger Unternehmer sein kann, ist ihm allerdings nur mit einer gutdotierten Kreditkarte und einem Beziehungsnetz möglich, die dem Vielreisenden Gastfreundschaft in Hotels und bei Freunden bietet, mit einem eigenständigen Job, der sich mit Computer und Internet wahrnehmen lässt, und mit Freude an einem Leben voller Mobilität. Der Preis dafür ist ein extrem hoher ökologischer Fußabdruck und das Singledasein.

Als sich der reisefreudige Minimalist verliebte, heiratete und eine Familie gründete, drängte sich dem Paar eine Mietwohnung, ein etwas sesshafteres Leben und eine neue Arbeitsaufteilung auf.

Was Cédric allerdings auch in der neuen Lebenslage eindrücklich durchhält, ist die Beschränkung auf das materielle Minimum an Notwendigem. Jedes Ding, mit dem sich Menschen umgeben, zieht Aufmerksamkeit auf sich, kann ablenken, Sorge erfordern oder Freiräume einschränken. Cédric und seine Frau Elena betonen im TV-Beitrag, dass für sie existenzielle Erlebnisse weit über materiellen Güter stehen. Sie schwärmen von erlebten Reisen, ohne davon allerdings Erinnerungsstücke nach Hause mitzunehmen. Das Wertvolle von Erfahrungen und Erlebnissen trügen Menschen in sich, und was dabei vergessen gehe, das könnten digital gespeicherte Fotos wieder wachrufen.

Der Unternehmer Waldburger unterstreicht im Interview mit Mona Vetsch, dass er sich weniger als Minimalist fühlt und sich vielmehr als »Essentialist« sieht. Seine Beschränkung auf das materielle Minimum ist nicht Ziel, sondern Mittel. Die Kernfragen, die sein Leben leiten, sind herausfordernd und lauten: Was macht mich »zur besten Version meiner selbst«? Was steigert mit kleinstem Aufwand die Effizienz meines Tuns? »Was macht mich wirklich glücklich und was strebe ich gezielt an?« »Was ist Ballast und wofür setze ich meine Energie ein?« Seine Zeit soll nicht für die Sorge um materielle Dinge verschwendet werden, sondern Menschen und seinen Projekten gehören.

Kurz vor der Corona-Zeit mit ihren Kontakt- und Reiseverboten haben Cédric und Elena das Töchterchen Lana Happy bekommen. Das Mädchen werde seinem Zweitnamen vollauf gerecht: Es sei ein erfrischend munteres und glückliches Kind! Und dies in einer weitgehend leeren Wohnung, denkt sich der Zuschauer … Ob das Kind ihre Lebensweise materiell verändern werde, fragt die Fernseh-Reporterin den jungen Vater. Beim Rundgang durch die Wohnung weckt der Blick ins Kinderzimmer spontan leises Mitleid: das Bett der Kleinen in Weiß und Grau – wie das Ehebett im Elternzimmer auch – und Leere, wohin die Augen schweifen. Den einzigen bunten Farbtupfer setzt ein gestricktes Äffchen in Regenbogenfarben, das in einer

Ecke des Kinderbettes sitzt. Die Wände sind ganz nach dem Geschmack des Vaters schmucklos und weiß, und einzig – und effizient – mit einer Überwachungskamera über dem Bett versehen. Der Vater beantwortet die Frage allerdings beruhigend: Lana solle immer die Spielsachen haben, die sie begeistern, sagt er. »Ich bin jedoch gespannt zu erfahren, wann sie das erste Mal sagt: Okay, ich bekomme etwas Neues, deshalb gebe ich etwas anderes weg, und was, und wem von meinen Spielfreunden oder Kollegen schenke ich es weiter?« Was er selbst als späte, aber gute Erfahrung erlebt hat, möchte er auch seiner Tochter ermöglichen.

Mit dieser väterlichen Hoffnung für das Töchterchen und der befreienden Eigenerfahrung spricht Cédric Waldburger das Motto an, das auch mich als Franziskaner seit ein paar Jahren leitet: Wenn etwas Neues in mein Zimmer kommt, muss etwas Altes hinaus. Nur so bleibt Freiraum in meinen zwei Schränken, an den Wänden und auf den Bücherregalen. Was mich jedoch bei aller franziskanischen Liebe zur Schlichtheit von Waldburgers unterscheidet, ist die Überzeugung, dass auch Wohnlichkeit wesentlich zum Glück beitragen kann. Der eigene Lebensraum muss nicht möglichst kahl sein, um das Gefühl von Freiheit zu vermitteln. Mein Schreibtisch steht so am Fenster meiner Klosterzelle, dass der Blick über den Klostergarten auf den weiten Zürichsee schweift. Dieser wechselt je nach Tageszeit und Wetter seine Farben. Auch nach drei vollen Jahren am neuen Lebensort fasziniert mich die Schönheit des Sees mit den beiden nahen Inseln, von denen die Ufenau schon in keltischer Zeit ein heiliger Ort war.

Bei so reizvollem Panoramablick könnten die Wände meines Zimmers getrost leer sein. Sie werden zur Hälfte jedoch von Büchergestellen bedeckt, die mir die wichtigste Literatur für meine Arbeit in Griffnähe halten. Zusätzlich zieren spezielle Geschenke meine Wände und Regale. Da hängt zunächst eine Reproduktion des Meditationstuches, das mein Namenspatron Niklaus von Flüe sich vor 600 Jahren malen ließ und dessen Betrachtung feinsinnig dazu einlädt, Schöpfungsfreude, Menschenliebe und Gottesfreundschaft miteinander zu verbinden. Und da hängt eine Holzkette, die mich an meine Monate unter Zürcher Drogensüchtigen erinnert: Ihre Glieder sind nicht geschmiedet, sondern geschnitzt von einem suchtbetroffenen Freund, den ich im Winter obdachlos auf den Gassen der reichsten Schweizer Stadt kennengelernt habe. Wenn ich das hölzerne Wunderwerk in der Hand halte und mich frage, in wie vielen Stunden denn die beweglichen Glieder aus einem einzigen Stück Holz geschnitzt worden sind, erinnere ich mich dankbar an das halbe Einsatzjahr in der Drogenszene und wünsche allen Suchtgetriebenen heute, dass sie Schritt für Schritt zu neuer Freiheit in ihrem Leben finden.

Auf einem Regal steht eine Menora, ein siebenarmiger Leuchter, der mich an meine eindrücklichste Erfahrung des Heiligen Landes erinnert: 2017 pilgerte ich mit christlichen Gefährtinnen und islamischen Gefährten von den Quellen des Jordans bis zum Roten Meer. Tausend Kilometer auf schlängelnden Wegen zu Fuß durch Israel und Palästina, ein zerrissenes Land mit Sperrmauern und trennenden Feindbildern, in dem wir pilgernd auch so viel Hoffnungsvolles erlebt haben. In einer Ecke steht ein Pilgerstab aus Eukalyptusholz, auf dem Rückweg meiner Jakobspilgerschaft unweit von Santiago geschnitten und in die Schweiz getragen: Gern nehme ich diesen Stab ab und zu in die Hand und lasse mich daran erinnern, dass das Leben als Ganzes ein Pilgerweg mit vielen schönen Erfahrungen und einigen Strapazen bleibt.

Von einem Regal blickt mich zudem ein aus Ton gestalteter Freundeskreis an: Das Motiv einander an den Schultern haltender Menschen, die um ein Licht in ihrer Mitte tanzen, stammt aus Mittelamerika. Es erinnert mich lebhaft an meine weitesten Reisen, von denen mich eine nach Mexiko, Guatemala und El Salvador führte und die andere nach Kolumbien, Ecuador und Amazonien. Ich war zur Weiterbildung junger Brüder und Schwestern dort – und wurde sowohl im mexikanischen Hochland von Oaxaca wie von Ureinwohnenden im Dschungel des Amazonas als Bruder aufgenommen. Der schlichte »Freundeskreis« aus Ton in meinem Zimmer weitet mir mitten im Schweizer Alltag immer wieder mal die Horizonte: Der Kreis der Geschwisterlichkeit reicht weltweit und verbindet mich mit der ganzen Menschheit. Mit zum Schmuck meines Zimmers gehören Kerzen, die ich teilweise in Workshops mit Menschen selber gestaltet oder aber geschenkt erhalten habe: Immer wieder mal zünde ich eine davon an, lasse mich von ihrem Motiv bewegen und verbinde mich mit Personen, zu denen die Kerze eine Brücke schlägt.

Größte Kahlheit und Kargheit der eigenen Lebenswelt kann befreiend wirken und mich auf das Wesentliche hin ausrichten. Ein behutsam ausgestalteter Wohnraum kann allerdings nicht nur bergend und gemütlich sein, sondern mich auch weit über die eigenen Wände hinaus mit Menschen in der Nähe und Ferne verbinden. Die Frage, was mich beglückt, stellt sich zu Recht über die Frage, was ich denn notwendig brauche.

Naturverbundenheit – Befreiung aus einer *splendid isolation*

Die TV-Sendung über beglückende Verzichte porträtiert nach dem Minimalisten Waldmüller eine Sozialpädagogin, die ihre Wohnung aufgab, um in einer Jurte zu leben. Sandra Buchser fühlte sich in einer Lebenswelt, »in der alles leicht zuhanden ist«, zunehmend unruhig und gelangweilt. »Wer ein Haus oder eine Wohnung hat, in der alles zur Verfügung steht, lebt bequem. Ich suchte eine alternative Wohnform, die mobiler ist, einfacher und mich mehr draußen sein lässt.« Ihre Suche führte wandernd durch die halbe Schweiz. Sie verweilte bei Kräuterbauern und stieß dann zufällig auf eine Jurte. Mit der spontanen Erkenntnis »Das passt!« baute sie sich selber eine Jurte auf dem Hof eines Bauern, der großes Verständnis für eine neue Generation alternativer junger Leute hat. Nach sechs Jahren stellt Sandra fest, dass ihr Leben nun »besser in die Natur integriert und weniger konsumorientiert« verläuft. Ihre Jurte beherbergt all ihre Habe im selben Rund: Der »begehbare Kleiderschrank« besteht aus einer einzigen Stange im Raum, kaum einen Meter lang. Das Wasser holt sie am nahen Brunnen. Ein Gefäß mit Durchlauferhitzer hat sie bald wieder aus der Jurte entfernt. Bevor sie sich eine einfache WC-Schüssel mit Sickerleitung für das Pipi einrichtete, sah sie nachts beim Gang ins Freie oft den Sternenhimmel und »auch mal einen Hirsch«. Das »Büro« besteht aus einem kleinen Tisch. Die elektrische Energie kommt von einem Solarpanel und geheizt wird mit einem kleinen Holzofen. Klo, Dusche und eine einfache Gemeinschaftsküche teilt sie sich auf dem Hof mit anderen

Gästen, die da eine Auszeit verbringen und im Zelt oder Wohnwagen leben.

Im Gespräch mit der Reporterin sinniert die Sozialpädagogin, die noch in Ausbildung ist: »Was mich fasziniert: Der Verzicht auf ein gut eingerichtetes Leben bringt dich in Bewegung. Du musst Wasser holen, du musst eigenhändig Feuer machen, um warm zu haben – und davor Holz spalten –, du musst dafür sorgen, dass das Dach dicht bleibt.« Das alles sei zwar unbequem, doch »fragst du dich bewusster, was du brauchst, damit du dich wohlfühlst … Kommst du nach der Arbeit nach Hause, tust all diese Dinge und steht dann auch noch das Essen auf dem Tisch, dann fühlst du dich höchst befriedigt und glücklich!«

Sandras neuer Lebensstil lässt sie die Natur, die Jahreszeiten, den Wechsel des Wetters unmittelbarer und sinnlicher erleben. Die große Mehrheit der Bevölkerung Europas lebt in einer Wohnwelt voller Mauern, geschützt und bequem, doch auch in einer *splendid isolation* von der natürlichen Mitwelt. Nicht selten kommt die Katze einer Familie über das Katzentreppchen öfter und länger an die frische Luft als die Menschen durch die Haustür. »Mein ganzes Leben hat sich zum Positiven verändert«, stellt Sandra fest. Es sei geerdeter, handfester und viel weltoffener geworden. Der Filmbeitrag beschließt diesen Teil denn auch mit einem kurzen Drohnenflug, der über dem Bauernhof mit der Jurte und den Zelten aufsteigt und auf den Zugersee und die Luzerner Hügelwelt blicken lässt: ein sich weitender Panoramablick in eine reizvolle Landschaft, die in festen Häusern doch allzu oft außen vor bleibt. Über eine Dating App hat Sandra unterdessen einen Freund gefunden, in den sie verliebt ist – und der zufällig auch in einer Jurte lebt. Sie kommentiert den Zufall lachend: Dass zwei Alternative sich derart finden, sei doch »unglaublich, eins zu x-tausend!«

Auch dieses Extrembeispiel dürfte die Wenigsten zur Nachahmung inspirieren. Europa kann und soll sich nicht mit asiatischen Jurten bedecken. Ein Ausblick in diesem Filmporträt kann jedoch wertvolle Impulse geben. Sandra baut mit dem Hofbesitzer zusätzlich eine Biwak-Jurte »ohne Luxus, ohne Filzisolation und mit einer offenen Feuerstelle« in der Mitte. Sie soll wandernde Urlauber beherbergen, bis zu zwölf gleichzeitig. Wandertage und Urlaubserlebnisse können durchaus dazu beitragen, dass in festen Wohnungen lebende Menschen wieder intensiver in die Mitwelt eintauchen. Religiös gesprochen: sich wieder vermehrt als Teil der Schöpfung erfahren.

Meinen wöchentlichen freien Tag verbringe ich meist wandernd, bei jedem Wetter und in jeder Jahreszeit. Meinen Urlaub gestalte ich mehrheitlich auf Pilgerwegen, einen Teil davon allein und einen Teil mit Freunden oder Gefährtinnen. Die intensivste Erfahrung, Glied einer vitalen natürlichen Mitwelt zu sein, mache ich dabei in Outdoor-Wochen, die mich auch im Freien nächtigen lassen. Wege durch eine Bergwelt, in der sich noch aus Bächen trinken lässt, oder über karge italienische Apenninenhöhen, auf denen jeder mitgetragene Tropfen Wasser kostbar ist, lassen dich im Alltag das Trinkwasser schätzen, das im Handumdrehen aus dem Hahn fließt! Ein mit Freundinnen am Lagerfeuer gekochtes Risotto schmeckt unter dem weiten Sternenzelt wie das Menu in einem gemütlichen Landgasthof und besser als in einem Dreisternehotel. Ob beim abendlichen Jogging oder einem morgendlichen Waldspaziergang, bei einer kurzen Kanutour auf dem See, in wöchentlichen Wandertagen oder in Urlaubswochen: Es gibt viele Wege und Formen, die eigene Komfortzone zu verlassen und sich als Teil einer belebenden natürlichen Mitwelt zu erfahren. Und mit Papst Franziskus lässt sich unterstreichen: Menschen tragen Sorge für das, was sie lieben. Auf die »Sorge für das gemeinsame Haus« der Welt bezogen bedeutet dies, immer wieder einzutauchen in die größere Lebenswelt, in der Menschen, Tiere und Pflanzen dieselbe Luft atmen, aus denselben Quellen trinken und dieselbe Erde bewohnen.

Begegnungskultur – Vom maßlosen Konsum zu tragenden Beziehungen

Das dritte Porträt im Fernsehbeitrag über beglückende Verzichte reiht sich kühn an die vorausgehenden Extrembeispiele. Es gilt einer Frau, die es in der Schweizer Pornoszene zu größtem Erfolg und einschlägiger Berühmtheit brachte. Sie entschloss sich nach ausschweifenden Jahren zu einem totalen Verzicht auf das Konsumgut Sex. Vier radikal enthaltsame Jahre ließen sie schließlich Sexualität als beglückendes Geschenk für Liebende entdecken.

Mona Vetsch fragt eingangs, was eine Frau, die Sex in vielen Spielarten erlebt und ausgelotet hat, zu einer derart radikalen Abstinenz bewegen kann. Tina Schmidt blendet in ihre wilde Vergangenheit zurück, trägt einen Bananenkarton herbei und legt der Reporterin eine reiche Fotosammlung aus der Zeit vor, als »ihr Sex extrem wichtig war«. Die Bilder zeigen sie als Covergirl auf Hochglanz-Magazinen. Sie brillierte in Shows und prickelnden Events, organisierte auch selber solche, trat als Model auf, schaffte es in den »Playboy« und wurde in Bern auf der Straße mit ihrem Künstlerinnennamen »Venus« angesprochen. Im Internet kursieren attraktive und laszive Bilder aus ihrer »World of Venus« in den unterschiedlichsten Outfits, voller Glamour und Schönheit. Ein Magazin setzt neben ihr Bild mit Cowgirl-Hut die Schlagzeile: »Ich bin eine Western-Schlampe, die die ganze Nacht im Hinterzimmer eines Saloons eingesperrt werden muss«. Ein Foto zeigt sie nahezu göttlich über einem Korb, aus dem fünf junge Männer voller Begierde zu ihr aufschauen. »Jungs als Spielzeug«, bestätigt die einst Umschwärmte mit »nur halbem Augenzwinkern« und nachdenklichem Ernst.

Damals habe sie Verzicht in Sachen Sex schlicht nicht gekannt. Sie habe alles ausprobiert und verkostet, »was ihr Lust bereitete«. Sie habe ohne Hemmung konsumiert und sich ohne Zurückhaltung auf jeden eingelassen, der sie begehrte und der ihr passte. Dabei habe sie auch gut verdient, konnte sich Reisen leisten, ausgiebig shoppen, Partys feiern und mitunter sorglos Drogen konsumieren. »Männer waren jederzeit in Reichweite, wenn ich Lust danach hatte.« Tina bestätigt, dass Bettpartner damals zum Konsumgut verkamen und ihr auch erlaubten, durchaus genussvoll »Macht über sie auszuspielen«. Sie empfand es als reizvoll, Männer »einfach haben« und sich frei aussuchen zu können.

Die Wende in ihrem Leben kam, als sich eines Tages Überdruss einstellte und ihr bewusst wurde, wie oberflächlich ihr Leben und ihre Kontakte verliefen. Sie erkannte, dass sie sich in einer »Scheinwelt« bewegte, voller »unechter« Erfahrungen. Tina zog aus der Wohnung in ein Zelt und wählte bewusst ein einfaches Leben: Der Wechsel »von

Champagner zu Wasser und von Crevetten zu Brot« fühlte sich befreiend an, erzählt sie, ebenso der Verzicht auf Sex, der ihr nach einem ernüchternden Zwischenspiel in jenem Sommer erstaunlich gut gelang. Eine Reise nach Indien und das Entdecken der religiösen Tiefendimension des Lebens bestärkte sie in ihrer Neuorientierung. Ihre resolut gewählten Verzichte führten zu einer inneren Befreiung, die sich mit bisher unbekannten Glückserfahrungen verband. Was ihr früher so genussvoll erschien, offenbarte immer deutlicher das Zwanghafte.

Nach vier »sexfreien« Jahren lernte Tina ihren jetzigen Partner kennen. Als sie einander fanden und sich verliebten, beschlossen sie gemeinsam, bis zur Hochzeit auf Sex zu verzichten. Tauschte sie in ihren ausschweifenden Jahren früher die Bettpartner nach Belieben, erfuhr sie nun, dass ihr ein Mann für das ganze Leben geschenkt wurde. Mit ihm galt es Sexualität »achtsam« zu gestalten, wozu den beiden das christliche Menschenbild und das Vertrauen in eine höhere Kraft der Liebe entgegenkam. Heute sagt Tina aus tiefster Überzeugung und mit strahlenden Augen: In der Sexualität »liegt eine große Kraft, sie ist kostbar und intim, und sie erreicht den tiefsten Kern der Seele«.

In meinem Leben als Franziskaner kann ich die neuen Werte bestens nachvollziehen, die sich Tina auf ihrer Suche nach Echtheit in Beziehungen und in Erfahrungen erschlossen. Ich freue mich herzlich für sie und über ihren Weg in eine erfüllende Partnerschaft. Mein eigener Weg verbindet sich nicht mit vier, sondern mittlerweile 40 Jahren Verzicht auf Sex. Er bedeutet keineswegs ein Leben ohne Liebe und ohne intensive Beziehungen, verleiht diesen jedoch ein eigenes Gesicht. Mit vier Geschwistern aufgewachsen, kenne ich den Wert und das Erfüllende geschwisterlicher Beziehungen seit meiner Kindheit und Jugend. Geschwisterlichkeit prägt mein Leben inzwischen in vielen Farben und in weiten Kreisen, beglückt mich mit tragenden Freundschaften und lässt mich eine Echtheit und Tiefe in Beziehungen erleben, die Tina lange Zeit vermisste.

Erneut empfiehlt sich ein Extrembeispiel nicht zur Nachahmung. Und doch spricht auch Tina Schmidt mit ihren Erkenntnissen in unterschiedliche Lebensformen. Sie schrieb in der Zeit der Sinnsuche mit großen Lettern das Wort »simplicity« in ihr Tagebuch, umgeben von weiteren Begriffen wie »Fasten«, »Abkehr«, »Zuwendung«, »Klarheit«. Im handschriftlichen Text dazu stehen weitere Sehnsuchtszeilen wie »Kultur beim Essen« und das Hinausfinden aus »Abhängigkeiten wie die von Kaffee und Drogen«. Ein Leben muss nicht ausschweifend werden, um sich in Zwängen zu verheddern und in Verhaltensweisen gefangen zu sein, die mir selber und anderen Menschen »einfach nicht guttun«, wie die nachdenkliche Bernerin rückblickend sagt. Verschiedene Konsumgüter und Konsumverhalten können sich mit einem Genuss verbinden, der wahrem Glück im Wege steht. Tinas Weg zeigt, dass ein tieferes Glück aus echten Beziehungen erwächst: aus einer wachen Beziehung zu sich selbst, aus achtsam gestalteten Beziehungen zu Menschen und – in ihrem und meinem Fall zudem – auch aus einer tragenden Gotteserfahrung.

Die drei Stichworte »Fasten – Zuwendung – Klarheit«, die Tina in ihrem Tagebuch der Neuorientierung notierte, beschreiben einen Dreiklang, den verschiedene Religionen aus jahrhundertealter Erfahrung lehren. Im Islam gehört das Fasten verbunden mit der Unterstützung Bedürftiger und

Gebet zu den tragenden Säulen, die im Ramadan mit besonderer Intensität zutage treten. Fasten, Gebet und Almosen sind ebenso für die jüdische Glaubenspraxis kennzeichnend. Zu den eindrücklichen Neuland-Erfahrungen meines jungen Ordenslebens gehörte das Heilfasten: kompletter Nahrungsverzicht während einer Woche, in der wir Brüder nur Wasser, ungesüßten Tee und täglich ein Glas Fruchtsaft zu uns nehmen. Was mich an solchen Fastenwochen seither beglückt, ist nicht der Verzicht auf Speise, sondern die Erfahrung einer überraschenden Freiheit, physischer Leichtigkeit und einer geistig-seelischen Wachheit – sich selbst, anderen Menschen und dem Geheimnis des Lebens gegenüber.

Anders als beim Phänomen der Magersucht, bei der psychische Verweigerungshaltungen und eine verkappte Aggression gegen den eigenen Körper mitschwingen, wird das Heilfasten von einer erhöhten Achtsamkeit und liebevoller Sorge getragen. Magen und Darm werden sensibel auf ihre Entleerung vorbereitet und der Organismus sorgsam auf den Abbau von Fettreserven eingestimmt. Bei einem schlanken Leichtgewicht wie mir reichen diese tatsächlich vollauf für sieben bis zehn Tage, je nach physischen Aktivitäten in dieser Fastenphase. Ärztinnen und Gesundheitsexperten sprechen von einer heilsamen Entschlackung des Körpers durch eine gut bemessene Zeit des Nahrungsverzichts. Die Sinne werden durch das Fasten sensibler: Ungesüßter Tee, fett- und salzloser Gemüsesud und ein Glas Fruchtsaft schmecken ebenso köstlich, wie die Gerüche von Wald und Wiesen oder die Abluft einer Bäckerei bei Spaziergängen dem Geruchssinn schmeicheln. Entspannungs- und Bewegungsübungen wirken ebenso wohltuend, wie ein natürliches Shampoo beim Duschen oder eine Hautcreme wohlriechend sind.

Die erhöhte seelische Wachheit in solchen Fastenwochen findet Nahrung in biblischen Meditationen und im spirituellen Austausch mit Mitfastenden. Was durch die finanzielle Einsparung gewonnen wird, kommt sozialen Projekten zugute, die wiederum Brücken der Solidarität mit Menschen schlagen, welche unterschiedliche Arten von Mangel erleiden.

Nach spätestens zehn Tagen sind meine physischen Reservepolster aufgebraucht: Körper wie Seele signalisieren das »jetzt ist gut« auf feine Art. Und nach einem freudigen »Fastenbrechen« mit einem Apfel, von dem jeder Bissen genussvoll 20-mal gekaut wird, folgt der ebenso sorgsame Wiederaufbau einer gesunden Ernährung. Mit »Klarheit« und »Zuwendung« hat Tina Schmidt im Tagebuch den Begriff »Fasten« verbunden. Klarheit wie Zuwendung sind tatsächlich Früchte des Fastens, das nicht nur den eigenen Körper und die Seele reinigt, sondern auch mitmenschlich sensibler und sozial solidarischer werden lässt und das zudem die religiöse Wachheit fördert.

Miteinander – Vom oberflächlichen Austausch zu realem Teilen

Die vierte Form von Verzicht widmet sich einem jüngeren Mann, der eines Tages abrupt ohne alle Sozialen Medien zu leben begann. Daniel Hellemann trifft die Reporterin Mona Vetsch als 34-Jähriger und stellt sich als »studierter Philosoph, Landschaftsgärtner und Musiker« vor. Er schildert ihr, was ihn vier Jahre zuvor kurzentschlossen dazu brachte, sein Smartphone in einer Metallsammelstelle zu entsorgen.

Schon damals war ihm klar: »Das Leben soll mir Freude bereiten und es gilt herauszufinden, wie ich dazu komme.« Das mag zunächst hedonistisch klingen, doch zeigt der junge Philosoph durchaus Tiefsinn. Sein kritischer Blick auf Konsumgüter und Konsumverhalten mit ihren Folgen brachte ihn dazu, »auf tierische Produkte sowie auf Kaffee, Nikotin und Alkohol zu verzichten«. So arbeitete der Ostschweizer auch in einem veganen Restaurant Zürichs und machte an einem Samstag wegen großem Andrang von Gästen Überstunden. In der Hektik vergaß er einen Termin und las vier Stunden später betroffen drei SMS, mit denen sogenannte Freunde ihm wenig sensibel und im letzten Fall unfreundlich seine Unzuverlässigkeit vorhielten. Menschen kommunizieren mit einem Monitor vor sich und mit den Fingern auf Tasten unschöne Botschaften, die ihnen Auge in Auge nicht über die Lippen kämen. Der junge Mann beschloss auf der Stelle, zu »dieser Art Kommunikation nicht mehr Hand zu bieten«. Mit dem TV-Team zurück am Tatort, einem öffentlichen Metallcontainer der Stadt, stellt der reflektierte Mittdreißiger später zwar ein Fehlverhalten fest: Die Sammelstelle trägt eine Aufschrift, die Elektronikgeräte ausschließt. Dennoch hält er die damalige »Impulshandlung« rückblickend für richtig: Er hätte das Mobiltelefon beim längeren Suchen nach der korrekten Recyclingstelle vielleicht doch behalten, und »das befreiende Gefühl« wäre ausgeblieben!

Das Schweizer Fernsehen begleitet den Smartphone-Verweigerer das erste Mal zwei Jahre danach. In der Bahn sitzt er unter Mitreisenden, die mit ihren digitalen Geräten beschäftigt sind, und bemerkt lächelnd, dass seine Gedanken sich unterwegs gern frei bewegen. Zu dieser Zeit geht der

Philosoph bei einem Landschaftsgärtner in die Lehre. Er kommt bei der Arbeit erneut auf die Gedankenfreiheit zu sprechen: Wie oft »aktivieren SMS unweigerlich das Kopfkino«, das in andere Welten entführt und einen gedanklich anderswo beschäftigt: »Dabei verpufft so viel Energie!« Sein Ausbildner bewundert den Verzicht seines Lehrlings, fügt allerdings hinzu, dass dadurch auch eine hilfreiche und bisweilen dringliche Kommunikation im Zusammenhang mit Aufträgen und der gemeinsamen Arbeit unmöglich werde, gerade wenn sie örtlich getrennt seien.

Vom Wegwerfen des Mobiltelefons sei damals auch die Freundin überrascht worden. Wie alle anderen trafen auch ihre Mitteilungen an jenem Abend und tags darauf »plötzlich auf Funkstille«. Die junge Naturheilpraktikerin, die andernorts lebte, staunte vorerst irritiert über dieses Schweigen. Erst als auf dem postalischen Landweg ein Brief eintraf, begriff Marina, dass sie beide neue Kommunikationswege finden müssten, solange sie nicht zusammenlebten. Das Fernsehteam fragt Daniel zwei Jahre später beim Kochen mit seiner Freundin, ob »ein Leben ohne Smartphone denn in der heutigen Zeit nicht asozial« mache. Die spontane Antwort: »Das Handy hat mich nie sozialer gemacht!« Wenn er heute etwas für andere organisiere, mache er es überlegter und seriöser als in der Zeit der schnellen Kommunikation. Und er »treffe Menschen lieber, als mit ihnen nur zu kommunizieren«.

Ein Besuch bei Mutter und Bruder lässt sie zu dritt auf vier Smartphone-freie Jahre zurückblicken. Daniels Familie war alles andere als begeistert über seine plötzliche telefonische Unerreichbarkeit. Die Mama, eine Logopädin, reagierte geradezu schockiert. Sie gab dem Sohn ein Zettelchen in die Geldbörse mit den Telefonnummern beider Eltern und des Bruders »für den Fall, dass etwas passiert«. Der Sohn kommentiert das Entsorgen auch dieses Zettels nach ein paar Monaten: »Die Idee war, dass im Notfall – wenn man mich etwa bewusstlos unter einem Auto hervorzieht – die Angehörigen informiert werden können. Doch wollte ich gar nicht davon ausgehen, dass ein solcher Fall eintreten würde ... Ich will nicht mit Unfällen rechnen und lebe im Vertrauen, dass alles gut kommt.« Während er sich zugesteht, vielleicht etwas naiv zu sein, stellt seine Mutter fest, dass sie selber einiges mit neuen Augen zu sehen gelernt habe.

Nach vier Jahren sah Daniel allerdings ein, dass seine kommunikative Praxis »einen Richtungswechsel« brauche. Auslöser war der Umzug in eine neue Stadt nach dem Ende der Beziehung mit seiner Freundin. Am neuen Wohnort kannte er niemanden und die Freunde waren nun weit entfernt. So legte er sich wieder ein Smartphone zu, um sich mit ihm wichtigen Menschen austauschen zu können. Nach ein paar Monaten stellt er fest: »Ich schalte das Gerät täglich ein, checke SMS, doch verzichte ich weiter auf Social Media und lasse andere nicht zu sehr über meine Zeit, meine Aufmerksamkeit, meine Gedanken und mein Leben verfügen.« Daher halte er an einem »sehr restriktiven Umgang mit dem Smartphone« fest. So liege »das kleine Tor zur Welt meistens unbeachtet herum«. Wer dem sozialen Druck widerstehe, dauernd erreichbar sein zu müssen, und das gelassen nehme, gewinne in dieser Art Verzicht: »Zeit für das, was einem selbst wichtig ist!«

Der Beitrag illustriert diese Freiheit in Daniels Fall mit persönlicher Zeit für das Meditieren auf einer nahen Wiese, für das Musizieren auf der eigenen Gitarre und für Entspannung in der Hängematte auf dem Balkon. Und dass er weiterhin »Menschen lieber trifft als mit ihnen nur zu kommunizieren«, dazu kann der bewusste und sinnvolle Einsatz des Smartphones ja durchaus beitragen.

Digitale und telefonische Unerreichbarkeit mute auch ich Menschen immer wieder mal zu: Das Smartphone trage ich im Alltag meist im Flugmodus bei mir, was mir tatsächlich erlaubt, ganz bei den Menschen zu sein, die ich gerade in einem Kurs oder auf einem Weg begleite, oder mich mit ganzer Aufmerksamkeit der Arbeit zu widmen, die ich eben verrichte oder die mich an der Universität gleich erwarten wird. Es erlaubt mir beim Pendeln und auf Reisen, auf Erlebtes zurückzuschauen, Einträge in mein Wegtagebuch zu schreiben oder auch einfach entspannt Musik zu hören, in vorbeiziehende Landschaften zu schauen, ein Buch weiterzulesen oder mit Blick auf Kommendes kreative Gedanken zu entwickeln. Erreichbar bin ich grundsätzlich – wenn ich nicht gerade offline pilgernd unterwegs bin, einen Oasentag in freier Natur verbringe oder mir die jährliche stille Intensivwoche in einer Eremitage gönne – per Mail. Die Nachrichten rufe ich in den Zeiten ab, die der Tagesverlauf mir passend anbietet. Mails rufen glücklicherweise auch in der Erwartung der Leute nicht nach unverzüglicher Antwort. Sie können auch mal einen Tag warten, fallen dafür jedoch überlegter aus. In unserem Klosteralltag sind wir persönlich wie gemeinschaftlich zu geschützten Zeiten nicht erreichbar. Dazu gehören die meditativen Zeiten morgens, mittags, abends und an der Schwelle zur Nacht sowie die Essenszeiten. Das sind insgesamt rund vier gemeinschaftliche Stunden täglich zwischen 07.00 Uhr und 22.00 Uhr.

Meine persönliche Erfahrung mit einer bewusst dosierten digitalen Erreichbarkeit ist durchaus ermutigend: Wer mich wiederholt erreichen will, merkt sich bald einmal die Formen und Zeiten, in denen ich zugänglich bin. Die beste Form des Teilens sind nach wie vor direkte Begegnungen. Ich verbringe denn auch deutlich mehr Zeit mit gemeinsamen Schritten, miteinander bei Tisch, zu Gast, im Sprechzimmer oder bei einem Kaffee auf der Klosterterrasse als am Telefon oder in Zoom-Meetings. Für Projektarbeit in meinem weiten Netzwerk oder für praktische Absprachen reichen oft Mails, ebenso für den Großteil der sachlichen Kommunikation im Rahmen der Universität und der Hochschulen. Meinen eigenen Facebook-Account nutze ich aktiv einmal monatlich für spirituelle Impulse, Infos über eigene Angebote oder das Weiterreichen von anregenden Erfahrungen, und passiv, um Menschen im Blickfeld zu behalten, die mir im Alltag selten begegnen und die ich gern wiedersehe.

Verzicht an sich ist nicht sinnvoll, hält der Smartphonekritische Philosoph im TV-Beitrag fest. Verzichte können jedoch nötig sein, um das »Denken und Handeln in allen Lebensbereichen in Einklang zu bringen«, und sie können zur inneren Freiheit führen. Daniel Hellemann unterscheidet dabei klar zwischen erzwungenen »unfreiwilligen Verzichten« und selbstgewählten »freiwilligen Verzichten«. Sein Lernweg verlief weit radikaler als jener der jungen Frau aus meinem Freundeskreis, die selber zu den Digital Natives gehört und als 20-Jährige einen Advent lang auf Soziale Medien verzichtete. Und es dauerte weit länger, bis auch Daniel sich wieder – und ebenfalls maßvoll – über Mail und Mobiltelefon erreichbar machte.

Wie in den vorausgehenden Porträts hat auch diese Erfahrung von Verzicht und gewonnener Freiheit ihre grundlegende Botschaft. Sie stellt in jede Lebensform hinein bedenkenswerte Fragen: Wie erreichbar bin ich? Wann, wo und für wen? Wie reagiere ich auf Fernkommunikation verschiedener Art: Telefonanrufe, Kurznachrichten, Mails und die verschiedenen Formen von Sozialen Medien? Kommuniziere ich digital weniger achtsam als mündlich und face to face? Wann und wo lasse ich auf diese Weise über »meine Zeit, meine Aufmerksamkeit, mein Denken und Leben verfügen«? Lasse ich dabei unnötig Energie verpuffen? Die wichtigste Frage jedoch heißt: Mit welchen Menschen möchte ich mehr gemeinsame Zeit verbringen und welche Beziehungen will ich weniger über Kontakte auf die Schnelle und aus der Ferne laufen lassen?

Nachhaltigkeit – Vom Wegwerfverhalten zur Mitweltsorge

Das letzte Porträt der bedachtsam konzipierten TV-Sendung über befreiende und beglückende Verzichte nimmt Carla Opetnik in den Blick. Die junge Zürcherin hat sich mitten in der Großstadt zur Minimal Waster gewandelt. Der Entschluss, auf möglichst alles zu verzichten, was Abfall produziert, reifte aus dem Wunsch, unsere Erde, die Mit- und Nachwelt nicht unnötig zu belasten.

Die frühere Schneiderin, die nun Studentin ist, outet sich gleich eingangs als aktive Instagrammerin, die gern Stories postet. Kritisch blickt sie dagegen auf das verschwenderische

Konsumverhalten unserer Gesellschaft. Sie hat es geschafft, ihren Lebensstil so umzustellen, dass sie nur noch Dinge ohne Verpackung einkauft und dass damit in einem Monat lediglich noch ein großes Glas voll Abfall zusammenkommt, von dem sie wiederum einen schönen Teil recyclieren kann. Dieses Glas steht sichtbar in ihrer Küche und hält damit den Willen zu Minimal Waste auch Gästen vor Augen.

Das praktische Ziel beschreibt die 27-Jährige wie folgt: »Minimal Waste heißt für mich, dass ich auf alles verzichte, was Abfall produziert. Ich kaufe nichts in Plastik, ich schlürfe Drinks ohne Röhrchen … Ich nutze anstelle von Zahnpasta antimikrobakterielles Kokosöl mit fein abrasiver Aktivkohle, für das Schminken mit Rouge auf die Wangen ein Randenpulver und als Deodorant ebenfalls Kokosöl, das Bakterien und damit ungute Gerüche verhindert.«

Die Umstellung vom früheren Einkaufsstil zur verpackungsfreien Praxis dauerte im Aufbrauchen der Restbestände ein volles Jahr, was die Studentin mit dem langwierigen Weg über einen hohen Berg beschreibt. Sie kauft heute alle notwendigen Produkte in ihren eigenen Stofftüten und Gläsern ein. Die Lebensmittel lagert sie zu Hause in säuberlich aufgereihten und verschließbaren Glasbehältern. Unter dem Geschirrspülbecken, wo in Haushalten gewöhnlich der Abfalleimer steht, bringt sie ihre Küchenmaschinen unter. Unterwegs hat sie einen eigenen Becher dabei, um sich Coffee oder Ice Tea to go darin einschenken zu lassen. Ihre Einkaufspraxis ist etwas zeitintensiver. Der Direktbezug vom Bauernhof muss ohne eigenes Auto auskommen und die ökobewussten Läden stehen nicht gleich um die Ecke. Organische Abfälle aus der Küche oder verwelkte Blumen kommen in ihrer Stadtwohnung in den Wurmkompost: Ein stufenweise aufbaubares Tongefäß beherbergt, sorgsam zugedeckt, Würmer, die daraus wieder Erde produzieren.

Das Bewusstsein, die Welt nicht mit Abfällen zu belasten, wecke ein tiefes Gefühl der Zufriedenheit, sagt sie. So viel Zeit ihr achtsames Einkaufs- und Konsumverhalten auch erfordert, Carla belässt es pragmatisch bei Minimal Waste. Der Beitrag filmt sie beim Einkauf in einem »Zero Waste Ladencafé«. Das Gewicht der offen gekauften und in ihre Stoffsäckchen abgefüllten Lebensmittel hat sie sich an der Waage mit Kugelschreiber auf den Handrücken geschrieben: Die Preise werden an der Kasse berechnet, was Preiskleber erspart.

Die beeindruckte Reporterin besucht mit der Studentin den schweizweit bekannten Selfmade-Millionär Hans »Hausi« Leutenegger. »Geschätzte 200 Millionen Franken« reich, lebt der Sohn aus armer Familie weiter oben am Zürichsee »auf großem Fuß«. Aus der Etagenwohnung im Steuerparadies Freienbach jettet er immer wieder mal in seine luxuriösen Zweitwohnsitze auf den Kanarischen Inseln und am Genfersee. Die Begegnung verspricht dem TV-Team einen *clash of cultures*. Der Gastgeber wartet mit Champagner aus dem Kühlschrank auf. Die Reporterin zieht Apfelsaft vor und Carla trinkt Wasser, stilecht aus dem mitgebrachten Becher. Im Gespräch erklärt der pensionierte Unternehmer, warum er »auf Verzichte verzichte«. Er sei als junger Mann aus dem »Existenzkampf der achtköpfigen Familie« geflohen, 1960 mit 100 Schweizer Franken in Genf eingetroffen, und habe als Schlosser eine Montagefirma gründen können, die derart florierte, dass er schließlich zum Arbeitgeber von 1500 Beschäftigten aufstieg. Er beschreibt die Erfahrung als einen auch ihn selbst überraschenden Schneeball-Effekt. Als er 30 Jahre alt wurde, habe ihm der

Direktor der kleinen Bank im Heimatdorf mitgeteilt, dass er als Kunde eben Millionär geworden sei. Die Fernsehsendung ergänzt die Erfolgsgeschichte in Kurzform: »Der Bauschlosser aus dem Thurgau wurde 1972 Olympiasieger im Viererbob, spielte in über 30 Filmen mit und ist ein erfolgreicher Unternehmer, Frauenheld und Sonnyboy.«

Der Multimillionär sieht sich mit seinen Gästen den Filmbeitrag aus der Wohnung der Studentin in deren Laptop an, zeigt spontan Mitleid mit den Kompostwürmern und hofft, dass »nicht alle Menschen so leben wollen, da die Welt sonst überschnappt und die Wirtschaft zusammenbricht«. Würden Bankdirektoren so viel Zeit mit Abfallvermeidung verbringen, »würde die Börse morgen in den Sturzflug fallen«. Die Tatsache, dass er in jungen Jahren »auf alles verzichten musste – selbst auf das Baden im Dorfsee, weil das 20 Cents kostete, die die Familie nicht entbehren konnte«, lasse ihn das Leben eben anders betrachten. Heutigen Jungen, die sich alles leisten könnten, täte das Verzichten dagegen gut. Er sieht in Carlas verzichtreicher Einkaufspraxis so etwas wie »einen Sport«, der Befriedigung schenke.

Mona Vetsch sieht Carla einem Vorläufer der »Generation Boomer« gegenüber. Die Studentin selber hält dessen Philosophie die Erkenntnis vieler in ihrer eigenen Generation entgegen: dass »unsere Ressourcen nicht endlos sind und dass unsere Zukunft nicht weiter auf materielles Wachstum setzen darf«. Nicht »Dinge anzuhäufen« und »privat zu besitzen« mache glücklich, sondern das Erfüllende liege »im Teilen – auch der verfügbaren Güter«. Die Frage der Reporterin an Carla, ob der sorglose Umgang älterer Generationen mit den Ressourcen der Erde sie bisweilen nicht sauer mache, beantwortet sie erstaunlich gelassen: Es gelte eben auch da, nicht »nutzlos Energie zu verschwenden«, denn es helfe nicht wirklich, wütend zu werden auf die Generation der Eltern oder auf Gleichgültige. Besser sei es, »nach vorn zu schauen«, selber mit allen Kräften »konstruktive Lösungen zu suchen«, im eigenen Konsumverhalten achtsam zu sein und dabei auch »gute Projekte zu unterstützen«. Kleider tragen sich mit mehr Freude im Wissen, »dass keine Kinderhände an ihnen gearbeitet haben«.

Der pensionierte Lebemensch trägt am Ende des Gesprächs doch noch einen späten Verzicht nach, für den er nun im Alter sehr dankbar ist: den Verzicht auf den Dauerstress und die schwer lastende Verantwortung, die ihn als Unternehmer jahrzehntelang nie in Ruhe gelassen hätten, nicht zuletzt, weil er immer auch die Sorge für das Wohl der 1500 Angestellten im Blick behalten habe. Der überaus umgängliche Rentner ruft damit in Erinnerung, dass sein Reichtum sein ganzes Arbeitsleben lang mit sozialer Verantwortung verbunden gewesen sei.

Die eben geschilderte Begegnung endet mit dem Eindruck, dass sich bezüglich Nachhaltigkeit eine Generationenkluft öffnet. Carla Opetnik vertritt jedoch Erkenntnisse zum Wirtschaftswachstum und Ressourcenverbrauch, die der Club of Rome bereits vor 50 Jahren formulierte. Bio- und Fair-Trade-Produkte zu kaufen, die ökologisch und sozial gerecht produziert worden sind, ist in Westeuropa seit Jahrzehnten im Trend. Die Abfallproblematik durch Recycling, Kompostieren, Biogasproduktion und saubere Verbrennungsanlagen zu entschärfen, hat bereits Carlas Elterngeneration angepackt. Neu ist die Einkaufspraxis, die Müll konsequent zu vermeiden sucht – mit allen Zusatzwegen und Einschränkungen, die dies mit sich bringt.

Als franziskanischer Ort ist das Kloster zum Mitleben in Rapperswil, das ich mittrage, seit Jahrzehnten um einen ökologischen Lebensstil bemüht: Reisen mit Fahrrädern und öffentlichen Verkehrsmitteln, nachhaltige Energien, regionale und saisonale Küche, teilweise Selbstversorgung aus dem eigenen Garten, konsequentes Recycling gehören zum Alltag. Bezüglich Abfallvermeidung jedoch übertrifft uns die junge Studentin mit der noch sehr jungen Minimal- oder Zero-Waste-Bewegung um Längen. Tatsächlich trifft ein Betrieb, in dem täglich über zehn und bis zu 20 Personen zu Tisch sitzen, auf weit größere Hindernisse als ein Single- oder Kleinfamilienhaushalt. Hygienevorschriften für eine Gastro-Küche, ihr Lager und den Umgang mit Essensresten sind die eine Herausforderung, das Zeitbudget des Klosterteams für Einkäufe ein anderes: Acht Personen, die teilweise extern arbeiten, haben ein Haus mit vielen Gastzimmern in Ordnung zu halten, Wäsche, Küche, Garten und Klostercafé zu besorgen, Gäste individuell zu begleiten, tägliche Gottesdienste zu gestalten, das Administrative mit Finanzen, Korrespondenz und Öffentlichkeitsarbeit zu erledigen, Menschen im Sprechzimmer zu empfangen, mit Stadt, Ortskirche und Region vernetzt zu bleiben, deren Geflüchtetenarbeit mitzutragen, Impulsweekends und Themenwochen zu gestalten …

Den Zeitaufwand für Zero Waste könnten wir im täglichen Gesamtpaket aktuell nicht leisten, und unser Minimum liegt auch einiges über dem von Carla. Dennoch setzt die konsequente Praxis der jungen Zürcherin ein notwendiges Zeichen angesichts des noch immer grassierenden Littering selbst in der so sauberen Schweiz und der weltweiten Belastung durch Mikroplastik. Dass dieses mittlerweile auch die

Tiefen der Ozeane und durch die Luftverschmutzung unberührte Naturwiesen in den Alpen betrifft und durch unseren Organismus selbst in die Milch stillender Mütter gelangt, ist alarmierend. Unsere Gesellschaft ist dringlich aufgerufen, ihr Einkaufs- und Wegwerfverhalten zu revidieren. Dabei sind nicht nur der Plastikverbrauch, sondern mit wachsamen Zeitgenossinnen wie Carla sämtliche Sparten des Konsums in den Blick zu nehmen – und Belastendes wegzulassen.

*

Eine einschlägige Themensendung von Mona Vetsch im Schweizer Fernsehen diskutierend, haben wir in diesem Kapitel fünf Lebensbereiche auf befreiende und beglückende Verzichte hin befragt. Dabei wurde deutlich, dass einige Verzichte sichtlich zu mehr Lebensqualität führen und dass andere zu tieferer Zufriedenheit, innerer Freiheit oder dem Grundgefühl größerer Gerechtigkeit beitragen. Bewusst gewählte Verzichte fühlen sich unterschiedlich an: Es gibt Dinge, Kontakte und Aktivitäten, die wir getrost weglassen können, und andere, die wir besorgt und engagiert zu reduzieren haben.

Auch wenn mehrere der illustrativen Beispiele in extremer Art starke Zeichen setzen, vermögen sie in ein weniger »alternatives« Leben wertvolle Impulse zu geben. Dies kann Freiräume und den materiellen Aufwand des eigenen Wohnens betreffen, mehr persönliche Freiheit in Social-Media-Aktivitäten, das gute Maß im Medienkonsum, den Verzicht auf Suchtmittel wie Alkohol und Nikotin, das Einschränken oder den Verzicht auf ungesunde Nahrungsmittel, den Wechsel in eine kleinere Wohnung, die Reduktion von Terminen und Stress, die Sorge für mehr Naturerfahrungen und Outdoor-Aktivitäten, den Verzicht auf vermeidbare Flugreisen oder ein eigenes Auto, das Nähren von Beziehungen durch reale Begegnung und gemeinsame Erfahrungen, den Verzicht auf beziehungslosen Sex und die Pflege einer Sexualität, die körperlich und seelisch beglückt. Das Ziel jedes Verzichts bleibt dabei nicht ein Weniger, sondern ein Mehr: mehr Leben, Wachheit, Freiheit oder Glück, mehr Erfüllung, Beziehung, Zufriedenheit, Gerechtigkeit oder Solidarität.

4
Viel und nicht wenig: Leben in Fülle

Die Chancen beglückender und befreiender Verzichte, die uns eben beschäftigt haben, sind in einem überaus stimmigen Ambiente betrachtet worden. Ich habe das dritte Kapitel – nach einigen Vorarbeiten – im Sacro Eremo von Camaldoli verfasst. Das einsame Eremitendorf, das tief in den Apenninenwäldern der östlichen Toskana liegt, schaut auf eine tausendjährige Geschichte zurück. Der Ort atmet tiefe Stille, natürliche Schönheit und schlichte Einfachheit: geschaffen für Menschen, die sich wie die Wüstenväter der Antike auf »das Eine«, das existenziell Wesentliche und Erfüllende ausrichten. Von Romuald von Ravenna (952–1027) in einer grünen Bergeinsamkeit gegründet, lässt das Sacro Eremo seine weißgekleideten Mönche nach einer Zeit der Reifung im nahen Kloster nun in Zellen leben, die an die Kellien des alten Ägypten erinnern. Auch mir wurde für meine stille Einkehrwoche eine dieser Zellen zugeteilt, die lieblich wie alte Häuser in einem Bergdorf angeordnet sind. Jedes kleine Eremitenhaus (»celletta« genannt) verfügt über einen Wohn- und Schlafraum, einen kleinen Arbeitsraum, ein Oratorium, ein Holzlager für den Ofen, eine Nasszelle und eine Abstellkammer mit Putzmaterial. Die Räume sind so angeordnet, dass sie den Wohnraum schützend umgeben, was auf 1200 Metern Höhe gerade in der kalten Jahreszeit von architektonischer Klugheit zeugt. Es reicht somit, mit dem kleinen Holzofen nur die Kernzelle zu beheizen. Das

Abb. 6: Im Eremo von Camaldoli
Foto: Niklaus Kuster

Fenster des Wohnraums liegt in der freien Südwand, lässt das Sonnenlicht einfallen und öffnet sich zum kleinen Garten, der sich mit einer mannshohen Ummauerung vor jeder »Zelle« ausbreitet und der nach individuellem Geschmack bepflanzt werden kann. Einige Mönche pflegen eine Blumenpracht, andere haben Beeren oder Fruchtbäume gepflanzt, die Gästezellen warten mit Naturwiesen auf.

Mein Wohnraum, in dem ich diese Zeilen schreibe, ist rustikal getäfelt, könnte darüber hinaus jedoch karger nicht sein: ein Bett, ein kleiner Tisch, ein Stuhl, ein kleiner Holzofen und ein Schrank, in welchem meine Pilgersachen nur gerade ein Regal füllen. Eine kleine Ikone ist der einzige Wandschmuck. Die Kargheit des Raumes erinnert an den chassidischen Rabbi in der Einleitung, der in seiner Wohnung »auf Durchreise« lebt, oder an den Minimalisten Cédric Waldburger in der Mietwohnung, die er mit seiner Frau Elena und Töchterchen Lana bewohnt. Das drahtlose Internet reicht nicht bis zu meiner Zelle, was mich dank der automatischen Mailantwort mit Ankündigung einer Offline-Woche gelassen bleiben lässt. Das Mobiltelefon hat kein Netz und kann getrost im Flugmodus bleiben. Nichts lenkt meine Aufmerksamkeit ab. Die vier gemeinsamen Gebetszeiten geben dem Tag einen tragenden Rhythmus, und die drei Essenszeiten sorgen mit ihren Tischgesprächen auch für eine wohltuende Balance zum tiefen Schweigen dieses Ortes.[42]

Du
lass mich dann und wann
zu mir kommen
und das Außen lassen

mich sammeln
bei mir selber einkehren
und ganz bei mir sein

denn
wenn der Lärm verebbt,
die Gedanken sich legen
und die Gefühle ruhig werden

wenn ich aus dem Reden
ins Hören komme
und aus dem Tun
ins Sein

dann kannst Du
zu mir kommen

dann kannst Du
zur Welt kommen
in mir –
und auch durch mich
zu den Menschen.[43]

Die Auszeit in diesem Eremo bestätigt in ihrer kargen Schönheit eindrücklich und illustrativ: Es gibt wunderbare Leerräume, die im besten Sinn Freiräume schaffen – Freiraum für Beglückendes, für den Weg in die Tiefe, für das Eintauchen in die Symphonie der Natur, für das unsichtbare »mehr als alles«. Dennoch freue ich mich im Sinne dieses von Andrea Schwarz inspirierten Gedichts, dass mein Weg morgen weiterführt.

Von der Einsiedelei in die Welt

Nachdem ich letztes Jahr von diesem Eremitendorf in mehreren Wochen über den Apennin nach Trient und über den Brennerpass nach Innsbruck gepilgert bin, werde ich diesmal Richtung Adriaküste absteigen und von da mit der Bahn in meinen Schweizer Alltag zurückkehren. Bereits nach einer halben Stunde Aufstieg zur Wasserscheide wird mich eine Apenninenkette erwarten, die den Blick bei guter Klarsicht über die Po-Ebene bis Venedig weitet. Da oben lasse ich mir erneut eine Erzählung zu Herzen sprechen, die vor 800 Jahren im Kreis der ersten Franziskaner entstanden ist.

Franz von Assisi sei mit seinen Gefährten auf einen Berg gestiegen und habe da die edle Frau Armut, einst Weggefährtin Jesu in Galiläa, gesucht. Denn das geschäftige Leben der Menschen habe sie längst aus den Dörfern und Städten vertrieben. Diese »edle Frau« steht literarisch als Symbolgestalt dafür, dass Jesus von Nazaret als Wanderprediger mit freien Händen und leichtfüßig unterwegs war: »arm an Dingen und reich an Leben«, wie es in der franziskanischen

Erzählung heißt. Die Brüder um Franziskus hätten diese Freundin Jesu denn auch auf einem Berg angetroffen. Auf deren Frage hin, wo denn ihr Kloster sei, hätten die Gefährten die edle Armut auf einen Gipfel geführt, ihr das ganze Panorama gezeigt und erklärt: »Schau, so weit dein Auge reicht: die ganze Welt ist unser Kloster – unser Lebensraum, in dem wir wohnen, arbeiten, essen, beten und Erfahrungen mit Menschen teilen!«[44]

Seit der Zeit der Wüstenväter in Ägypten finden Mönche und Eremiten ihre innere Fülle in der Kargheit eines einsamen Ortes, weltabgeschieden, still und auf kontemplative Sammlung ausgerichtet. Meine Berufung als Franziskaner ist eine »weltliche«: der Welt zugewandt und in ihr verortet. Franz von Assisi spricht nicht von Weltflucht, sondern davon, dass seine »Brüder durch die Welt ziehen« sollen.[45] Das Vorbild dafür ist Jesus, der sich zwar in einer besonderen Lebenssituation für 40 Tage allein in die Wüste zurückzog, im Alltag seines öffentlichen Wirkens aber mit kurzen Auszeiten auskam: mal eine Nacht allein oder einen Tag mit drei Freunden auf einem Berg, eine gemeinsame Bootsfahrt an ein einsames Ufer oder ein früher Morgen auf einer stillen Anhöhe. Die Leidenschaft für eine menschlichere, friedlichere und gerechtere Welt, die das Wirken Jesu prägt, leitet auch die franziskanische Lebenskunst. Sammlung und Einkehr, Zeiträume der Innerlichkeit sind ihr kostbar, sie werden jedoch kein tage-, wochen- und lebensfüllendes Programm. Ihre Weltliebe lässt Franziskaner nicht dauerhaft an stillen Orten bleiben.

Das will keineswegs heißen, dass meine Gastgeber in Camaldoli in ihrem schweigsamen und zurückgezogenen Leben die Welt ausblenden. Obwohl die tiefen Wälder der

Umgebung, die hohe Klostermauer, der Schutzraum des Claustrum um das Eremitendorf selbst und die individuelle Zelle mit ihrer Umfassungsmauer einen jeden gleich vierfach schützen, lassen ihre stillen Bewohner sich von den Sorgen und Hoffnungen der heutigen Welt bewegen: Das wird im Singen der Psalmen spürbar – uralte Gebete, die vielfältige Nöte des Menschseins in allen Epochen ansprechen –, in den aktuellen Bitten jeder Gebetszeit, im Umgang mit Gästen, im Lesen von Zeitungen und im Rückgriff auf moderne Medien wie auch im bewussten Lesen von Literatur, die sich mit brennenden Zeitfragen befasst. Damit gilt auch hier, was der englische Zisterzienser Aelred von Rievaulx (1110–1167) im hohen Mittelalter zurückgezogen Lebenden ans Herz legte:

> Umfasse die ganze Welt mit deiner umarmenden Liebe!
> Denke an alle Guten in der Welt und freue dich über sie!
> Denke an alle Bösen, halte sie dir vor Augen und weine!
> Halte dir das Elend der Armen gegenwärtig,
> das Weinen der Waisen, die Verlassenheit der Witwen …
> die Entbehrungen der Pilgernden,
> die Gefahren der Seereisenden …
> die Verantwortung der Prälaten, die Strapazen der Soldaten.
> Allen öffne dein liebendes Herz,
> für sie trage deine Bitten vor Gott. …
> Es stört nicht die Ruhe des Herzens, sondern bewahrt sie.
> (*Reklusenregel, c. 46*)[46]

Die Passage, die sich an freiwillig lebenslang Eingeschlossene richtet, bringt eindrücklich zum Ausdruck, dass jede gesunde Einkehr zu einer größeren Offenheit und der Weg in die innere Tiefe zu umfassender Weite führt. Das ist jeder gesunden christlichen Spiritualität eigen.

Die Aufforderung des englischen Zisterziensers aus dem tiefen Mittelalter lässt sich heute auch auf ein gänzlich profanes Leben anwenden. Nicht wenige Menschen ziehen sich in ihre eigene kleine Welt zurück und sperren die größere Welt aus. Sie haben sich entschlossen, keine Zeitungen mehr zu lesen und keine Nachrichtensendungen mehr anzuschauen. Das viele Negative in der Welt – Kriege, neues Wettrüsten, nukleare Erpressung, Gewalt, Geflüchtetenströme, Klimakrise, Naturkatastrophen, soziale Probleme, düstere Wirtschaftsprognosen – bedrückt sie derart, dass sie all dieses Belastende fernhalten. Selbstschutz kann ein Gebot gesunder Selbstliebe sein, und das beschriebene Verhalten sei tatsächlich allen zugestanden, die seelisch dünnhäutig, wenig strapazierbar und leicht verletzlich sind. Psychisch belastete und depressive Menschen brauchen oft die ganze Kraft, um ihren Alltag bewältigen zu können. Wenn seelisch Gesunde und Robuste jedoch das Weltgeschehen bewusst und dauerhaft ausblenden, rückt eine bequeme Verschlossenheit an die Stelle von Solidarität. Wir sind Teil einer Menschheitsfamilie und bewohnen das globale »gemeinsame Haus«, wie es sowohl die UNO wie auch Papst Franziskus in seinem Schreiben »Laudato si'« bildhaft nennen. Was Menschen an anderen Orten, in anderen Ländern und Weltgegenden widerfährt, betrifft auch uns. Die großen Probleme der Welt fordern uns alle heraus und lassen sich oft auch nur im Zusammenwirken vieler lösen. Den drohenden ökologischen und sozialen Kollaps der Welt wenden wir nur gemeinsam durch den Einsatz aller Kräfte ab.

Der Rückzug in die eigene kleine Welt zeigt sich nicht nur als individuelle Versuchung, sondern auch kollektiv in der Politik. Eine Lehrerin erzählte mir höchst betroffen, wie sie in Appenzell – eine liebliche voralpine Welt, die nicht unwesentlich vom Tourismus lebt – zehnjährigen Kindern Al Gores Film über den Klimawandel und seine Folgen zeigte. In der Diskussion darüber zeigten sich die Schülerinnen und Schüler wenig berührt von der Aussicht, dass in Australien, Afrika und Asien weite bewohnte Gebiete überflutet werden und in Ozeanien ganze Inselstaaten verschwinden könnten. Millionen von Menschen würden ihre Heimat verlieren. Auf der südlichen Erdhälfte würden verheerende Dürren zudem zusätzliche Ströme fliehender Menschen provozieren. Kinder kommentierten dazu, dass weder das Meer noch eine afrikanische Dürre das Appenzellerland erreichen werde. Und all die fliehenden Menschen ohne Heimat? »Dann schließen wir eben die Landesgrenzen«, kam es über kindliche Lippen – wohl nicht eigener Logik folgend, sondern jener der Eltern am heimischen Familientisch oder vor dem Fernseher. Populistische Parteien finden Zulauf mit einer national-egoistischen und global wenig solidarischen Grundhaltung. Emmanuel Macron hat denn auch auf Donald Trumps höchst erfolgreiche »America-first«-Kampagne entsetzt mit dem Slogan »Our planet first« geantwortet.

Rückzug in die eigene kleine Welt, weil diese eben »small and beautiful« ist? Egoistische Formen des Rückzugs sind unschön und unsolidarisch. Ein hoffnungsvolles Menschenbild, das dem Individuum und der Menschheit als ganzer so viel Kreativität zutraut, dass sich gemeinsam Lösungen für alle Herausforderungen finden, ruft nicht nach Abschottung.

Klara von Assisi steht im Hochmittelalter für eine Kreativität, die allzu bergende Mauern überwindet. Die Tochter einer Adelsfamilie wurde, damaligen Erziehungsmodellen entsprechend, in einer aristokratischen Binnenwelt erzogen. Da Frauen damals als schwache Geschöpfe betrachtet und die Reize der Welt als allzu verführerisch angesehen wurden, wuchsen die Töchter behütet in Wohntürmen auf, die sich mitten in der Stadt zu kleinen ummauerten Inselwelten fügten. Diese verließen junge Unverheiratete nur für den Kirchgang. Bildung wurde ihnen durch Priester ins Haus geliefert, und die Männer der Sippe hatten keinen Zugang zum Wohnbereich der Frauen. Das eingeschlossene Leben fand seine Farben durch Eleganz in Kleidung, Haartracht und Verhalten, durch edle Tätigkeiten wie Musizieren, Sticken und andere Künste sowie durch Frauenfreundschaften und das Erziehen der Kinder. Junge Frauen sollten auf diese Weise unverdorben mit 14 Jahren zur Hochzeit gelangen und wechselten darauf in die ebenso geschlossene Welt einer anderen Familie. Verheirateten stand über den Kirchgang hinaus auch der Weg zu besonderen Einkäufen, zu karitativer Nächstenliebe in der Stadt oder auch mal zu einem längeren Pilgerweg offen.

Von der jugendlichen Klara erzählen Freundinnen später, sie habe in ihrem unfreiwillig eingeschlossenen Leben zu einer überraschenden Form des Teilens gefunden: Sie sandte einen Teil der Nahrung von ihrem eigenen Teller über erwachsene Frauen des Hauses an Bettelarme in der Stadt Assisi. Wohlgemerkt nicht Vorräte aus der Speisekammer, sondern Essen vom eigenen Teller! Die Entschlossenheit und der Feinsinn, mit denen die junge Adelige ohne eigene

Bewegungsfreiheit trennende Mauern überwand, rufen nach einer Erklärung.

Klaras einzige Direktbegegnung mit den sozialen Nöten in der Stadt war in ihrer Jugend der Kirchgang. Im nahen Dom von Assisi fanden sich zum Sonntagsgottesdienst Gläubige aus der ganzen Stadt ein: vornehme Adelige und gutgestellte Bürgerliche, hart Arbeitende aus der Unterschicht und die Bettelarmen, deren Platz ganz hinten und vor der Kirche war. Die junge Klara muss mit offenen Augen und wachem Herzen zur Messe gegangen sein. Und die Tatsache, dass all diese Menschen vereint den »Vater im Himmel« um »das tägliche Brot heute« bitten, ließ die Tochter aus der sozialen Elite der Stadt nicht ungerührt in ihre privilegierte Welt zurückkehren. Als Klara erwachsen wurde, wechselte sie in kühner Freiheit die Seite: Sie gründete mit Gefährtinnen eine Gemeinschaft vor den Stadtmauern, verband sich da mit den Randständigen vor den Toren, verzichtete auf alle materiellen und sozialen Privilegien und rief die Stadtbevölkerung durch ihr Leben dazu auf, die verfügbaren Güter so lange zu teilen, bis es keine Nöte mehr gibt. Ansporn dazu war ein syrisch inspiriertes Ikonenkreuz in der kleinen Landkirche San Damiano, bei dem sich die Schwestern niederließen. Es zeigt den Gottessohn nicht herrschaftlich und thronend, wie es das Domportal von Assisi bis heute tut, sondern ganz menschlich, nackt und ausgeschlossen, doch mit offenen Augen und offenen Armen, einem offenen Ohr und offenem Herzen. Offenheit für jeden Menschen und die ganze Welt, es wurde Klaras Programm – und ihr Weg der Gottesfreundschaft in der Nachfolge von Jesus aus Nazaret.[47]

Abb. 7: Das Kreuz von San Damiano
Quelle: Wikipedia Commons

Vom Ich zum Wir

Mein eigener Weg führt nach einer stillen Woche, die ich wohlbehütet und gesammelt im Eremitendorf von Camaldoli genossen habe, wieder in die Welt hinaus. Als Franziskaner würde ich meine Berufung verfehlen, wenn ich das Geschehen in einer turbulenten Welt dauerhaft nur aus der Stille betrachte, da im Herzen bewege und betend vor Gott trage. In meinem Kloster am Zürichsee bewegt mich das Weltgeschehen sehr viel unmittelbarer. Der Blick aus dem Fenster meines Zimmers schweift über den See auf eine dicht besiedelte Gegend. Die Bevölkerung an der linksufrigen »Pfnüselküste« ist insgesamt weniger gutgestellt als jene an der rechtsufrigen »Goldküste«. Die Agglomeration der Großstadt Zurich reicht bis in unser Städtchen Rapperswil. Verschiedene Mitglieder meiner Gemeinschaft arbeiten teilzeitlich extern, lehrend, seelsorglich oder sozial engagiert. Unser Kloster selbst ist ein Begegnungsort. Woche für Woche beziehen Gäste ein Zimmer, um unser Leben zu teilen, sich eine Auszeit zu gönnen und sich dabei persönlich begleiten zu lassen. Sie bringen innerlich die unterschiedlichsten Familien- und Berufswelten mit. Andere kommen für kürzere Besuche, Begegnungen und Gespräche ins Klostercafé, ins Sprechzimmer oder auf die Klosterterrasse mit ihrem weiten Ausblick. An den Sonntagen füllen sich die Stuhlreihen unserer Klosterkirche mit Menschen, die sich Impulse und spirituelle Nahrung für ihr Alltagsleben erhoffen. Ich selber pendle mit einem Pensum von 50 Prozent auf unterschiedliche Arbeitsfelder: an die Universität Luzern und an Hochschulen, in denen mir die

Lebenswelt junger Leute begegnet, und schweizweit zu unterschiedlichsten Gruppen, die sozial, pädagogisch oder kirchlich tätig sind und die ihrem Leben Tiefe und Weite geben möchten.

Warum ich mir denn nicht das »radikalere« Leben von Mönchen oder Eremiten erwählt hätte, werde ich von Kennerinnen der Schweizer Klosterlandschaft bisweilen gefragt. Es fragt sich, was radikaler ist: sich in einer schweigsamen Welt dauerhaft auf sich selbst und Gottes stille Gegenwart einzulassen – oder sich der bewegten Welt auszusetzen, mit unterschiedlichsten Menschen ein Stück Weg zu gehen und die eigenen Talente engagiert in die Gesellschaft einzubringen. Jede Lebensform kann radikal fordern und erfüllen, wenn sie beherzt gewählt und gelebt wird. Meine Berufung ist mit Leidenschaft für die Welt verbunden, und ich setze mich engagiert dafür ein, dass diese geschwisterlicher wird. Die Vision, der ich folge, ist typisch franziskanisch, gründet jedoch tief im jüdisch-christlichen Glauben und wird heute von spirituellen Menschen in verschiedenen Religionen geteilt.

Die folgenden Abschnitte skizzieren eine Dynamik, die das päpstliche Schreiben »Fratelli tutti« (»Wir Geschwister alle«)[48] vom Oktober 2020 als offizielle Sicht der weltgrößten Religionsgemeinschaft vertritt. In seiner zweiten franziskanischen Enzyklika richtet sich Papst Franziskus an die ganze Menschheit und ruft sie eindringlich auf Wege vom Ich zum Wir. Nachdem wir den Fokus beim Thema Verzicht bisher alltagspraktisch auf das individuelle oder partnerschaftlich-familiäre und gemeinschaftliche Leben gelegt haben, drängt sich an dieser Stelle eine markante Horizonterweiterung auf. »Mehr Leben«, das dieses Buch in jede

Lebensform wünscht, ist ja nicht nur ein individuelles Ziel, sondern eine universale Herausforderung.

Im ersten Teil seines Schreibens, der sich den »Schatten einer abgeschotteten Welt« widmet, weitet Franziskus das WIR programmatisch auf die ganze Menschheit: »Sorge tragen für die Welt, die uns umgibt und uns erhält, bedeutet Sorge tragen für uns selbst. Wir müssen uns aber zusammenschließen in einem ›Wir‹, welches das gemeinsame Haus bewohnt. Dieses Bemühen interessiert die wirtschaftlichen Mächte nicht, die schnelle Erträge brauchen« (FT 17). Im Rückblick auf erste, für Italien besonders dramatische Pandemiemonate spricht der Autor die soziale Solidarität an, die sich vielerorts berührend und befreiend zeigte. Er wünscht sich, dass diese sich ebenso grenzenlos wie das Corona-Virus über die ganze Welt verbreite: »Ist die Gesundheitskrise einmal überstanden, wäre es die schlimmste Reaktion, noch mehr in einen fieberhaften Konsumismus und in neue Formen der egoistischen Selbsterhaltung zu verfallen. Gott gebe es, dass es am Ende nicht mehr ›die Anderen‹, sondern nur ein ›Wir‹ gibt.« Die Pandemiekrise biete die Chance, »dass wir einen Sprung hin zu einer neuen Lebensweise machen und wir ein für alle Mal entdecken, dass wir einander brauchen«. So werde die vom Virus geschlagene »Menschheit mit all ihren Gesichtern, all ihren Händen und all ihren Stimmen wiedererstehen, über die von uns geschaffenen Grenzen hinaus« (FT 35).

So sehr er selber über Soziale Medien kommuniziert und ihren Nutzen schätzt, so wach sieht der Papst auch deren machtvollen Missbrauch: Er nennt mitunter »die zerstörerischen Hassgruppen im Netz«, die sich digital vernetzen und »Feinde« bekämpfen, und erkennt »die Gefahr, dass

Nutzer abhängig werden, sich isolieren und immer stärker den Kontakt zur konkreten Wirklichkeit verlieren, wodurch die Entwicklung echter zwischenmenschlicher Beziehungen behindert wird« (FT 43). Daniel Hellemann darf sich rundum bestätigt sehen, und dies auch in den weiteren Aussagen über eine ganzheitliche Kommunikation: »Es bedarf der körperlichen Gesten, des Mienenspiels, der Momente des Schweigens, der Körpersprache und sogar des Geruchs«, denn all das gehöre »zur menschlichen Kommunikation. Die digitalen Beziehungen, die von der Mühe entbinden, eine Freundschaft, eine stabile Gegenseitigkeit und auch ein mit der Zeit reifendes Einvernehmen zu pflegen, geben sich nur den Anschein einer Geselligkeit. Sie bilden nicht wirklich ein ›Wir‹, sondern verbergen und verstärken gewöhnlich … Individualismus«. Erneut weitet der Papst den Fokus über das Zwischenmenschliche hinaus: »Die digitale Vernetzung genügt nicht, um Brücken zu bauen; sie ist nicht in der Lage, die Menschheit zu vereinen« (FT 43). Sehr viel mehr verheißt der »Weg der Geschwisterlichkeit«, der »im Großen wie im Kleinen nur von freien Geistern beschritten werden kann, die zu wirklichen Begegnungen bereit sind« (FT 50).

Nach einem zweiten Kapitel, welches das Reden von »Fremden« in der einen Menschheitsfamilie grundlegend in Frage stellt (FT 56–86), wendet die Enzyklika sich der Vision einer »offenen Welt« zu, die zu denken und zu schaffen ein Gebot der Zeit ist. Der Autor setzt dabei zu einer spiralförmigen Bewegung an, die zunächst das zwischenmenschliche Wir anspricht: »Ein Mensch kann sich nur entwickeln, sich verwirklichen und Erfüllung finden«, wenn er Hingabe wagt. Schon Martin Buber sagte pointiert, das

Ich werde am Du. »Nur in der Begegnung mit dem anderen« vermöge das Ich »seine eigene Wahrheit vollständig zu erkennen«. Nur »die Liebe zu konkreten Mitmenschen« lässt »den Wert des Lebens erfahren. Hierin liegt ein Geheimnis echter menschlicher Existenz« (FT 87). Der Mensch ist »für die Liebe geschaffen«. Deshalb hat er »von sich selbst abzuspringen« und »als Liebender aus seinem Selbst« hinauszutreten, »um eine vollere Existenz in einem anderen zu finden« (FT 88). Diesem Abschnitt dürfte Tina Schmidt, die einstige Berner Venus, in ihrem neuen Glück freudig zustimmen. Die Dynamik echter und beherzter Liebe öffnet sich jedoch in ein immer größeres Wir: Von Liebe geleitet, »kann sich mein Leben nicht auf meine Beziehungen innerhalb einer kleinen Gruppe oder meiner Familie beschränken«. Denn Selbsterkenntnis und Selbstentfaltung ist »ohne ein breiteres Beziehungsgeflecht nicht möglich«. Auch intensive zwischenmenschliche Beziehungen genügen einander nicht. »Gesunde und echte Beziehungen öffnen uns für andere, die uns wachsen lassen und bereichern.« Selbst »partnerschaftliche oder freundschaftliche Beziehungen sind darauf ausgerichtet, das Herz für die Umgebung zu öffnen.« Denn »exklusive Gruppen und selbstbezogene Paare, die sich als ›Wir‹ in Abgrenzung vom Rest der Welt definieren, sind in der Regel veredelte Formen des Egoismus und reiner Abschottung« (FT 89).

Die Dynamik der Liebe überwindet schrittweise alle Grenzen und »richtet uns schließlich auf die universale Gemeinschaft hin aus. Niemand reift oder gelangt zu Erfüllung, wenn er sich isoliert. Durch die ihr innewohnende Dynamik verlangt die Liebe eine fortschreitende Öffnung, eine immer größere Fähigkeit, andere anzunehmen, in einem nie endenden Abenteuer« (FT 95). Die »Notwendigkeit, über die eigenen Grenzen hinauszugehen, gilt auch für die verschiedenen Regionen und Länder«. Wachsende Mobilität und die engere Vernetzung der Weltgemeinschaft fördern immer handfester »das Bewusstsein der Einheit und des Teilens eines gemeinsamen Geschicks unter den Nationen«. Während soziale Freundschaft »in jeder Stadt und in jedem Land« jede Ausgrenzung überwinden muss (FT 99), verbindet die Vision der »universalen Geschwisterlichkeit« (FT 106) die Menschheit: »Wie sehr muss unsere Menschheitsfamilie lernen, in Harmonie und Frieden zusammenzuleben, ohne dass wir dazu alle gleich sein müssen!« (FT 100). Die Neuinterpretation von *liberté – égalité – fraternité*, seit der Französischen Revolution Programm der aufgeklärten Moderne, zieht eine ebenso ernste wie herausfordernde Konsequenz, denn »solange unser Wirtschafts- und Sozialsystem auch nur ein Opfer hervorbringt und solange auch nur eine Person ausrangiert wird, kann man nicht feierlich von universaler Geschwisterlichkeit sprechen« (FT 110).

Der Papst sieht »eine menschliche und geschwisterliche Gesellschaft in der Lage, auf effiziente und stabile Weise dafür zu sorgen, dass alle Menschen auf ihrem Lebensweg begleitet werden, nicht nur, um ihre Grundbedürfnisse zu befriedigen, sondern damit sie das Beste geben können« (FT 110). Echtes und ganzheitliches Wachstum – und da darf sich die junge Zürcherin Carla Opetnik bestätigt fühlen – bedeutet die entschiedene »Förderung des Guten … für uns selbst und für die ganze Menschheit«. Dem stehen die »verbreitete Gleichgültigkeit« und das Sich-Verschanzen »in individuellen Interessen« entgegen (FT 113). Zur Überraschung vieler und zum Erschrecken wirtschaftsliberaler

Kreise relativierte der Papst dazu den Wert des Privateigentums: »Gott hat die Erde dem ganzen Menschengeschlecht geschenkt, ohne jemanden auszuschließen oder zu bevorzugen, auf dass sie alle seine Mitglieder ernähre.« In diesem Zusammenhang erinnert er daran, dass die christliche Tradition »das Recht auf Privatbesitz niemals als absolut oder unveräußerlich anerkannt und die soziale Funktion jeder Form von Privateigentum betont hat«. Das sozialethische Grundprinzip lautet, dass für alle Menschen geschaffene Güter der Erde auch allen nützen sollen (FT 121). Mit Blick auf das Wirtschaftsleben heiße dies: »Das Recht einiger auf Unternehmens- oder Marktfreiheit kann nicht über den Rechten der Völker und der Würde der Armen stehen und auch nicht über der Achtung für die Schöpfung, denn wenn sich jemand etwas aneignet, dann nur, um es zum Wohl aller zu verwalten« (FT 122).

Das vierte Kapitel setzt unter dem Titel »Ein offenes Herz für die ganze Welt« bei verschiedenen Formen des Narzissmus an, individuellen wie auch nationalen. Der Papst sieht im Einklang mit seinem Vorgänger Benedikt XVI. im Menschen »das Grenzwesen, das keine Grenze hat« (FT 150). Seine Vision der Menschheitsfamilie ist universal, ohne dass dabei das Besondere jedes Menschen, jeder Kultur und jedes Landes aufgelöst wird: »Eine angemessene und echte Weltoffenheit setzt die Fähigkeit voraus, sich dem Nächsten in einer Familie von Nationen zu öffnen. Die kulturelle, wirtschaftliche und politische Integration mit den umliegenden Völkern« muss daher »von einem Bildungsprozess begleitet werden, der den Wert einer freundschaftlichen Nachbarschaft fördert«, ohne die eine »gesunde universale Integration« nicht möglich ist (FT 151). Die Welt wächst dadurch »und füllt sich jenseits jeder kulturellen Vereinnahmung« vielfältig »mit neuer Schönheit« (FT 148).

Die Enzyklika endet mit einem kurzen Kapitel, das die Bedeutung der Religionen für eine geschwisterlichere Welt darlegt. Es müsse »eine Spiritualität der Geschwisterlichkeit wachsen« (FT 165). »In ihrer universalen Dimension« zeige die geschwisterliche Liebe eine »Öffnung auf alle hin« (FT 180). Die am tiefsten verbindende Kraft ist die Offenheit gegenüber dem »Vater aller«. Die religiöse Erfahrung ist stärker als »Vernunft für sich allein« und »imstande, die Gleichheit unter den Menschen zu begreifen« und so eine tiefer gründende »Geschwisterlichkeit zu schaffen« (FT 272). Eine »aufrichtige Gottsuche« hilft, »uns alle als Weggefährten zu begreifen, als Brüder und Schwestern« (FT 274).

Der Papst sieht sich in dieser Vision bestärkt von Großimam Ahmad al-Tayyib, Rektor der Al-Azhar-Universität von Kairo. Mit ihm, dem Vertreter der wichtigsten Lehrautorität im sunnitischen Islam, hat er 2019 in Abu Dhabi die christlich-islamische Erklärung zur Geschwisterlichkeit aller Menschen unterzeichnet. Aus diesem gemeinsamen »Aufruf für Frieden, Gerechtigkeit und Geschwisterlichkeit« zitiert das päpstliche Rundschreiben die Einleitung:

> Im Namen Gottes,
> der alle Menschen mit gleichen Rechten,
> gleichen Pflichten und gleicher Würde geschaffen hat
> und sie dazu berufen hat, als Brüder und Schwestern
> miteinander zusammenzuleben, die Erde zu bevölkern
> und auf ihr die Werte des Guten,
> der Liebe und des Friedens zu verbreiten. …

Im Namen der Armen,
Notleidenden, Bedürftigen und Ausgegrenzten,
denen beizustehen nach Gottes Gebot alle verpflichtet sind,
insbesondere alle vermögenden und wohlhabenden Menschen.

Im Namen der Waisen, Witwen, Flüchtlinge
und aller, die aus ihren Häusern
und Heimatländern vertrieben wurden,
aller Opfer von Krieg, Verfolgung und Ungerechtigkeit;
im Namen aller Schwachen,
aller in Angst lebenden Menschen,
der Kriegsgefangenen und der Gefolterten
überall auf der Welt,
ohne irgendeinen Unterschied.

Im Namen der »Geschwisterlichkeit aller Menschen«,
die alle umfasst, vereint und gleich macht an Würde.

Im Namen dieser Geschwisterlichkeit,
welche durch die politischen Bestrebungen von Integralismus
und Spaltung sowie durch maßlos gewinnorientierte Systeme und
abscheuliche ideologische Tendenzen, die die Handlungen und
Schicksale der Menschen manipulieren, entzweit wird. …

Im Namen aller Menschen guten Willens
an allen Orten der Welt.
(*Fratelli tutti* 285)

Vom Weltschmerz zur Schöpfungsfreude

Mehr und erfüllendes Leben für die Welt, die Menschheit und jeden Menschen! Es gibt auf Dauer keine wahre individuelle Erfüllung und kein tiefstes persönliches Glück, solange menschliches Leben auf Erden leidet, unterdrückt, verfolgt und zerstört wird. Der eben zitierte christlich-islamische »Aufruf für Frieden, Gerechtigkeit und Geschwisterlichkeit« weltweit spricht Nöte, Ausgrenzung, Migration, Kriege, Verfolgungen, hemmungslose Egoismen und Unrecht an, die dunkle Schatten in unsere Welt legen.

Auf die Erfahrung, dass die Welt alles andere als paradiesisch ist, haben sowohl Philosophien wie Religionen unterschiedlich reagiert: Die einen rufen zum leidenschaftlichen Einsatz für eine hellere und bessere Welt auf. Andere – und oft sind es konträre Strömungen in derselben Religion – locken mit weltflüchtigen Auswegen. Platonische Spielarten der Philosophie sehen in der sichtbar-materiellen Realität eine trügerische Schattenwelt, aus der sich Weise und Erleuchtete in die geistig-ewige Lichtwelt des Geistes befreien.

Nach Platon sind irdische Dinge der materiellen Welt nur die Schatten von Ideen in der ewigen Welt des Geistes: Ablenkung vom Wahren und Ewigen, das sich durch philosophische Erkenntnis hoch über dem Gefängnis der irdischen Lebenswelt finden lasse.

Das leidenschaftliche Engagement Jesu für eine menschlichere, friedlichere und gerechtere Welt hat das Christentum nicht davor bewahrt, in verschiedenen Strömungen seinerseits zur Weltflucht aufzurufen. Der platonische Dualismus, der die vergängliche materielle Welt von der ewigen geisti-

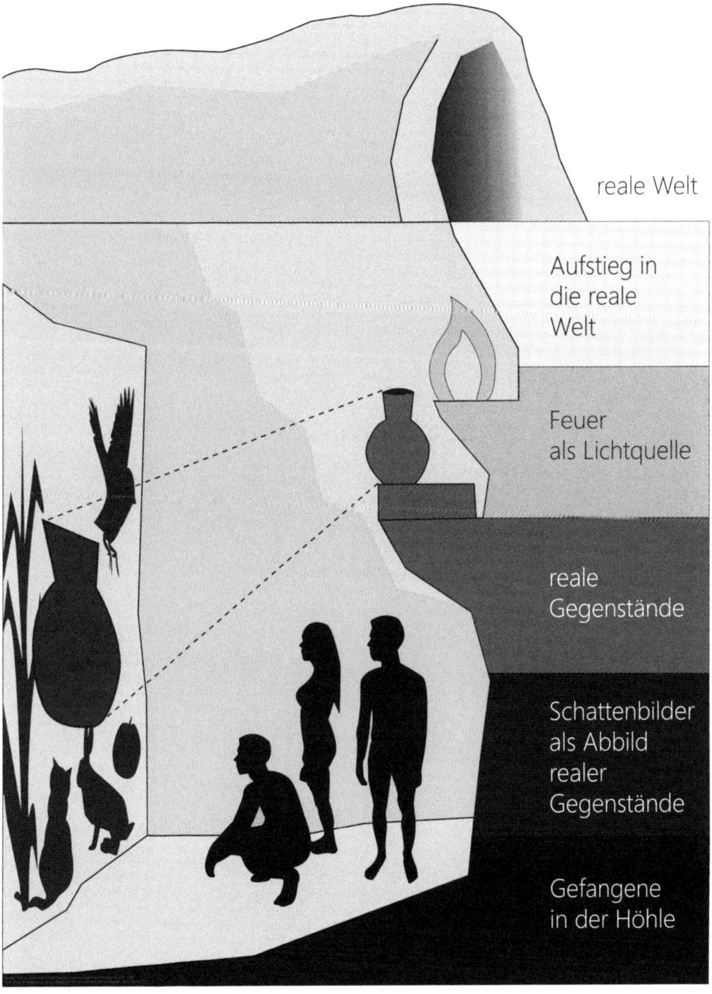

Abb. 8: Platons Höhlengleichnis[49]
© Hanna Hüneburg

gen Welt scharf trennt, fand und findet seinen Weg wie ein Virus immer wieder auch in christliche Epochen und Kreise.

Im Sacro Eremo von Camaldoli gehen mir die innig gesungenen Psalmen zu Herzen: Ihre eigens komponierten Melodien und die sie rahmenden Verse atmen – wie die Gärten der kleinen Zellen und die naturgeschützten Wälder der Umgebung – Freude an der Schönheit der Welt und Vertrauen in Gottes Gegenwart auf Erden. So heißt es etwa im Psalm 144:

Buono è il Signore verso tutti,
la sua tenerezza si espande su tutte le creature.

Gut ist Gott zu allen,
seine Zärtlichkeit legt sich über all seine Geschöpfe![50]

Diese grundpositive Sicht der Welt spricht aus vielen Liedern und Gebeten, die sich der jüdisch-christlichen Erfahrung verdanken. Der Mensch ist nicht in die Welt »geworfen«, wie es die Existenzphilosophie um Jean-Paul Sartre vertreten hat.[51] Die Welt ist aus Gottes Kreativität entstanden, in ihrem Sein und Werden ein Geschenk und eine Herausforderung zugleich, der menschlichen Sorge und seiner kreativen Freiheit anvertraut. Das biblische Bild, dass der Mensch den anderen Geschöpfen Namen geben kann, spricht beides an: die menschliche Freiheit in dieser Welt und zugleich die Verantwortung. Naturnahe Gärtnerinnen kennen den Namen jeder Pflanze und deren Eigenart, schaffen den Gewächsen Lebensraum, ermöglichen ihnen Entfaltung und Fruchtbarkeit, beugen Wucherungen vor und sorgen für Vielfalt. Ähnliches ist von Hirten und Bäuerinnen der vorindustriellen Zeit mit Blick auf die ihnen anvertrauten Tiere zu sagen: Sie rufen jede Ziege auf Alpwiesen und jede Kuh auf der Weide mit Namen, kennen ihren individuellen Charakter und sorgen für ihr Wohl. Wenn ein junges Paar sich ein Kind wünscht und schwanger wird, fordert die Frage des passenden Namens größte Sorgfalt heraus. Der Mensch ist das Namen-gebende Wesen auf Erden: Pflanzen, Tieren und Menschen gegenüber, ja selbst im kosmischen Raum für neuentdeckte Sterne. Die Heiligen Schriften der jüdisch-christlichen Tradition sprechen von einem sorgsamen, verantwortungsvollen Miteinander. Davon zeugen die poetischen und hochsymbolischen Schöpfungserzählungen, aber auch Psalmen und Weisheitstexte der Bibel. Und selbst in der Frühen Kirche schreibt der Apostel Paulus an die Gemeinde in Rom: »Die ganze Schöpfung wartet sehnlich darauf, dass wir Menschen uns als Söhne und Töchter Gottes erweisen.«[52]

Kein biblischer Text ruft zur Ausbeutung der Erde und der Mitgeschöpfe auf. Menschliche Herrschaftsphantasien dieser Art wurden erst möglich durch die Aufklärung, die das denkende Subjekt über die Welt und alle »vernunftlosen« Objekte stellte, zu denen sowohl die pflanzliche wie tierische Lebenswelt wie auch sogenannte »primitive« Völker in den Kolonien gezählt wurden. »Gottes Zärtlichkeit legt sich über alle Geschöpfe«: Der Mensch ist als Verbündeter Gottes gerufen, seinerseits zärtlich und kreativ mit einer Welt umzugehen, die ihm mit allen Geschöpfen anvertraut ist und in der wir zugleich Mitgeschöpfe bleiben.

Es gibt ein Lied, das ich im Sacro Eremo di Camaldoli wie in anderen Klöstern nicht mitsinge, so bewegend schön seine Melodie auch ist: das Salve Regina. Es wird von der

Tradition fälschlicherweise dem Mönch Hermann dem Lahmen auf der Insel Reichenau zugeschrieben, stammt aber wohl aus dem italienischen 12. Jahrhundert.

Das Lied strotzt vor Weltschmerz und einem tief pessimistischen Weltbild. Ich übersetze den Text aus dem lateinischen Original:[53]

Sei gegrüßt, Königin,
Mutter der Barmherzigkeit,
unser Leben, unsere süße Freude und Hoffnung,
grüß dich!

Zu dir schreien wir,
Evas Kinder im Exil,
zu dir seufzen wir,
stöhnend und weinend
in diesem Tränental!

Nun denn,
unsere Fürsprecherin:
Richte deine barmherzigen Augen
aus der Ferne auf uns
und zeige uns nach dieser Verbannung
Jesus, die gepriesene Frucht deines Leibes,
o gütige,
o liebevolle,
o süße Jungfrau Maria!

Mehr und erfülltes Leben – lässt es sich hier in dieser Welt von dieser Art Religiosität erwarten? Die Welt als Exil, Verbannung und Fremde, ein schmerzliches Leben voller

Tränen und Leid, und die einzige Hoffnung ist, aus dieser irdischen Existenz befreit einmal im Himmel Trost zu finden. Marienverehrung als Hoffnungsstrahl im Dunkel und – von der flehend-süßen Melodie des Liedes unterstrichen – als leiser Vorgeschmack erlöster Freude in der Ewigkeit? Glücklich, wer das Lied nicht so versteht, auch wenn der Text selbst schwerlich anders zu deuten ist. Religionskritiker wie Karl Marx haben diese Art religiöser Vertröstung, die jeden tatkräftigen Willen zur Veränderung der irdischen Realität lähmt, als »Opium des Volkes« kritisiert.[54] Gewiss gibt es Menschen, die derart im Elend leben, dass ihnen dieses Lied aus dem Herzen sprechen kann. Ich wünsche ihnen allerdings nicht diese Botschaft, sondern das Evangelium und seine Veranschaulichung in der Praxis Jesu. Die Befreiungstheologie und die Basisgemeinden Lateinamerikas zeigen, wie sich in einer sozial, politisch und wirtschaftlich schattenreichen Welt mit Tatkraft und dem Evangelium in der Hand »mehr Leben« gewaltlos erkämpfen lässt.

Singt eine Gemeinschaft das Salve Regina, stimme ich selber innerlich den Sonnengesang an, das Schöpfungslied des heiligen Franz von Assisi. Der Mystiker dichtete die erste poetische Komposition der italienischen Literaturgeschichte, als er selber in einer beklagenswerten Situation war. Heitere Jugendliche, die den Sonnengesang heute weltweit an Lagerfeuern singen, ahnen meist das Drama nicht, das zu dessen Entstehung führte. Auch Kunstfreunde, die das Lied in leuchtenden Kirchenfenstern betrachten, in musikalischen Kompositionen genießen oder in kreativen Gärten auf sich wirken lassen, kennen oft die Hintergründe nicht, die dieses Werk der Weltliteratur hervorbrachten. Franziskus formte die Urversion nach 50 Tagen innerer und äußerer

Dunkelheit. Krank und geschwächt verbrachte er das Frühjahr 1225 in San Damiano bei Assisi, wo sich einige Gefährten und Klaras Schwestern um ihn sorgten. Seine entzündeten Augen ertrugen nicht einmal den Schein eines Feuers. Der »Lobgesang der Geschöpfe« entstand als Lied der Befreiung aus tiefem Dunkel: in einer lichtleeren Hütte untergebracht, von Mäusen bedrängt und ohne dass der Dichter sehen konnte, was er im Lied besang. Der Kranke erfuhr in einer Nacht überraschend die neue Zuwendung Gottes und fand zur inneren Klarheit zurück: Damit konnte er seinen Pilgerweg des Lebens ermutigt fortsetzen. »Mehr Sein und Leben« – selbst in Krankheit und zunehmender Gebrechlichkeit! Mystiker wie Franz von Assisi können davon ein berührend ermutigendes Lied singen. Wir kommen auf die Strophe über »unsere Schwester, den leiblichen Tod« zurück, die der Dichter dem Schöpfungslied kurz vor seinem eigenen Tod hinzugefügt hat.[55] Doch vorerst hören wir dem zeitgenössischen Biografen Thomas von Celano zu, der die Naturmystik des Bruders wie folgt charakterisiert:

Dieser glückliche Wanderer hatte seine Freude
an den Dingen,
die in der Welt sind, und nicht einmal wenig.
Er sah die Welt als klaren Spiegel von Gottes Güte.

In jedem Kunstwerk lobte er den Künstler.
Was er in der geschaffenen Welt fand,
führte er zurück auf den Schöpfer.

Er pries in allen Werken die Hände des Herrn,
und durch das, was sich seinem Auge an Lieblichem bot,
schaute er hindurch
auf den Urgrund und die Lebensquelle aller Dinge.
Er erkannte im Schönen den Schönsten selbst.
Alles Gute rief ihm zu:
»Der uns erschaffen hat, ist der Beste.«

Auf den Spuren, die den Dingen eingeprägt sind,
folgte er überall dem Geliebten nach …[56]

Freude an allen Dingen, ohne sie zu besitzen, und Liebe zum kreativen Du, das hinter allem Schönen, Guten und Lebendigen steht: Urgrund und Lebensquelle, zugleich aber Liebeskraft und lockend.

Nördlich der Alpen hat Hildegard von Bingen (1098–1179) eine nicht weniger faszinierende Naturmystik in Bilder, Musik und Werke gefasst, die als »Visionen von der Ganzheit der Schöpfung« bezeichnet worden sind.[57] Wie Franz von Assisi sieht die »Seherin vom Rhein« alle Dinge dieser Welt, Wasser und Erde, den Reichtum an Steinen und Pflanzen, Tiere und Menschen mit einer großen Zärtlichkeit – ohne sich an etwas zu klammern. Sie beschreibt Mineralien und Pflanzen voller Liebe und Feinsinn, erhellt ihre Qualitäten und sieht ihren Wert für das menschliche Leben. Leider ist ihr Werk über »Die Feinheiten der verschiedenen Naturen und Geschöpfe« nicht erhalten geblieben. Was die Mystikerin von Bingen und der Mystiker aus Assisi mit dem Minimalisten oder Existenzialisten Cédric Waldmüller und mit Sandra Buchser in ihrer Jurtenwelt teilen: Sie können genießen und in die Natur eintauchen, ohne sich an Dinge zu klammern.

Mehr und erfüllendes Leben – auch angesichts der eigenen Vergänglichkeit? Die Strophe auf den Tod, die Franziskus seinem Schöpfungslied in den letzten Lebenswochen hinzufügt, überrascht mit dem Bild einer Schwester. Obwohl die lateinischen Kulturen für »mors« – italienisch »la morte«, spanisch »la muerte« und französisch »la mort« – grammatikalisch weibliche Ausdrücke verwenden, stellen sie den Tod als männliche Gestalt dar: Da ist er ein finsterer Herrscher, Sensenmann, Wegelagerer oder Tyrann. Franziskus überrascht mit einer weiblichen und sanften Gestalt, einer Schwester, deren Nähe zwar kaum jemand sucht, die am Ende jedoch zur Gefährtin wird. Tatsächlich begrüßt Franziskus, als die Brüder und die Freundin Jacoba ihn sterbend loslassen, seine *sorella morte* liebevoll: »Sei mir willkommen, Schwester Tod!« Er lässt sich von ihr an der Hand nehmen und vertraut darauf, dass sie ihn auf dem Weg von der irdischen Welt zur ewigen und neuen Schöpfung Gottes begleitet.

Woher schöpft der Dichter das Vertrauen, dass der Tod nicht das Ende ist? Die Endversion des Schöpfungsliedes zählt 33 Verse, und in dieser Zahlensymbolik liegt die feinsinnige Antwort: Das Mittelalter sieht in der Zahl 33 die Lebensjahre Jesu auf Erden. Durch seine Geburt wird die irdische Welt Gottes eigene Wahlheimat und tritt dessen Sohn brüderlich in die Schöpfung ein. In 33 Jahren zeigt er, wie Gott sich gelingendes Menschsein vorstellt und dass er der Vater einer universalen Familie ist, aus der niemand ausgegrenzt werden darf. Nach 33 Jahren verwandelt Jesus durch sein Sterben und Auferstehen den Tod zur »Pforte des Lebens«.[58]

Franziskus' »Schöpfungslied« feiert den Schöpfer mit allen Geschöpfen und sieht in der geschaffenen Welt kein Exil. Anders als das klagende Salve Regina, das Menschen in einem »Tränental« verloren wähnt, sieht der Mystiker aus Assisi sich und alle Menschen als »Pilgernde und Gäste« auf Erden.[59]

Wir haben im ersten Kapitel dieses Buches vom Pilgerweisheiten gesprochen. Im Unterschied zu Wanderwegen, die sich reizvoll wählen lassen und ein- oder mehrtägig geplant werden, dauern klassische Pilgerwege meist mehrere Wochen. Das Ziel lässt unterschiedliche Gegenden und Länder durchqueren, Höhen und Tiefen bewältigen, auch Strapazen aushalten und nirgends länger bleiben. Für religiös sensible Menschen wie Franziskus ist die irdische Welt Geschenk und Herausforderung, Lebensraum und Weg: vom Schöpfer erzählend, geschwisterlich verbindend, eine heilige Ganzheit und vergänglich, Menschen anvertraut und Gottes Wahlheimat. Glücklich, wer für diese Welt Sorge trägt, bis er oder sie das verheißungsvolle Ziel erreicht und »mit Schwester Tod« den Gott des Lebens preist, wenn er als Tochter oder Sohn Gottes in die ewige Schöpfung eintritt.

Vom Reichtum zur Lebensfülle

Franz von Assisi steigt aus seinem bürgerlichen Leben aus und findet mit leeren Händen Lebensfülle auf Erden – und er lässt sich am Ende seines brüderlichen Weges mit leeren Händen vertrauensvoll auf die Zukunft ein, die nach dem Tod beginnt. Der Juniorchef eines Handelshauses, dessen

Familie zu den Reichsten Assisis gehörte, fand durch radikalen Verzicht auf Güter und Status zu einer neuen Existenz, die »arm an Dingen und reich an Leben« war. Der junge Kaufmann ließ sich vom gleichen Text aus den Evangelien herausfordern, der tausend Jahre vor ihm den vermögenden Ägypter Antonius zu einem asketischen Leben bewegt hatte. Die biblischen Autoren Markus und Matthäus überliefern den Rat Jesu an einen reichen Mann: Wenn du Leben in Fülle suchst, verkaufe alles, was du hast, und folge mir mit leeren Händen nach! Dieser Rat hat im Laufe der Jahrhunderte unterschiedlichste Menschen in eine Krise gebracht und auf neue Wege geführt. Während Wüstenväter wie Antonius sich daraufhin aus der Zivilisation zurückzogen und sich der Gottsuche in der Einsamkeit verschrieben, verlief der Weg des Franziskus kontrastvoll anders. Er wurde zum Freund der Ärmsten, zum Bruder vieler Menschen und zum Dichter, der sich mit allen Geschöpfen liebevoll verband. Beziehungsreichtum wurde die Frucht eines Verzichts, der nur materiell arm machte.

Es lohnt sich, die Begegnung zwischen Rabbi Jesus und dem reichen Mann näher zu betrachten: So kurz die Episode in den Evangelien auch ist, die Erzählung wurde zu einem Klassiker der Spiritualitätsgeschichte. Warum rät der Meister aus Nazaret erst in einem zweiten Schritt zu einem radikalen Güterverzicht, um »ewiges Leben« zu finden? Und was hat es mit dem spannungsvollen Kontrast auf sich, dass jene »unendliches Leben« finden, die Materielles radikal loslassen? Die weisheitliche Erzählung soll in drei Schritten betrachtet werden: zunächst mit einem Blick auf die Lebenssituation des Rabbis, der um Rat gefragt wird; dann mit Blick auf den zweiteiligen Rat selbst; und schließlich mit einer Interpretation für unterschiedliche Lebensrealitäten heute.

Der Wanderprediger aus Nazaret, an den sich in den Evangelien von Markus und Matthäus ein reicher Mann wendet, hat 30 Jahre dörflichen Lebens hinter sich. Aufgewachsen im 120-Seelen-Dorf Nazaret in einer hügeligen Region von Galiläa,[60] war Jesus, der Sohn Josefs, in eine Großfamilie integriert, erlernte den Beruf seines Vaters und wurde selber Baufachmann. Der Evangelist Markus nennt vier Brüder mit Namen – Jakobus, Simon, Joses und Judas – und erwähnt mehrere Schwestern (Mk 6,3). Damit glich Jeschua – wie er in seiner aramäischen Muttersprache genannt wurde – durchaus jenen »Hausleuten«, denen Buddha das »Erwachen aus dem leidvollen Lebenstraum« wünschte. Mit rund 30 Jahren stieg der Bauhandwerker tatsächlich aus seiner sesshaften Lebensweise und der tragenden Dorfgemeinschaft aus. Er soll sich dabei auf den Propheten Jesaja und auf eine göttliche Sendung berufen haben: in der Geistkraft Gottes »den Armen eine frohe Botschaft zu verkünden sowie Gefangenen die Freiheit, Blinden das Augenlicht und Unterdrückten aufrechtes Leben zu bringen« (Lk 4,14–30). Versuche seiner Dorfgenossen, den neuen Propheten zu vereinnahmen, führten bald zu Konflikten und schließlich zum Bruch. Der Wanderrabbi zog rund 50 Kilometer ostwärts an den See Gennesaret hinunter und fand in Kafarnaum bei Fischern eine Basis für sein neues Wirken. Dass sein Verzicht auf den angestammten Beruf und seine Familie, auf ein eigenes Haus und Güter mit Gewinn verbunden war, spiegelt sich in einem Gespräch mit den neuen Freunden, die ihm am See Gennesaret folgten: »Wer um meinetwillen und für die frohe Botschaft Haus, Brüder, Schwestern, Mutter,

Vater, Kinder und Felder verlassen hat, wird hundertfach erhalten: bereits jetzt und zu seinen Lebzeiten Häuser, Brüder, Schwestern, Mütter, Kinder und Felder, und in der neuen Welt das ewige Leben« (Mk 10,28–31).

Heute wissen wir, dass die Jünger, die diese Worte hörten und sich Jesus anschlossen, zwar ihren Beruf aufgaben und ihn auf kürze oder längere Predigtwanderungen begleiteten, sich zunächst jedoch nicht von ihrer Familie trennten. Simon Petrus wird noch Jahrzehnte später in Begleitung seiner Ehefrau nach Korinth kommen (1 Kor 9,5). Das Bild der neuen Verwandtschaft, die Menschen jeder Herkunft im Glauben an den einen Vater im Himmel geschwisterlich verbindet, meint nicht grundlegend eine Abkehr von der eigenen Stammfamilie. Sie kann dies allerdings im Konfliktfall zur Folge haben, wie der Evangelist Markus es mit Blick auf das frühe Wirken des Rabbi selbst andeutet (Mk 3,31–35). Jesus rät dem reichen Mann, der sich nach »ewigem Leben« sehnt, denn zunächst auch keine materiellen und familiären Verzichte. Die Begegnung sei hier wörtlich wiedergeben:[61]

> Als Jesus sich anschickte, wieder auf den Weg zu gehen,
> näherte sich ihm eilends ein Mann,
> kniete vor ihm auf dem Boden und sagte:
> »Guter Rabbi, was muss ich tun,
> um unendliches Leben zu erhalten?«

Jesus hat begegnungsreiche Wege hinter sich. Sie führten ihn in der Schilderung durch Markus von seinem Basislager in Kafarnaum in den Golan, nach Syrophönizien im heutigen Libanon, durch das Jordantal und zu den Quellen des Flusses an den Ausläufern des Hermon sowie südwärts nach Judäa. Unmittelbar vor dieser Begegnung hier wird der Wanderrabbi von einer Schar Mütter mit Kindern umlagert. Der eilige Ankömmling, der Jesu neuen Aufbruch verzögert, scheint den Rabbi schon länger beobachtet zu haben. Und er verspricht sich von ihm einen kostbaren Rat.

Der Mann, von dem wir im Lauf der Erzählung erfahren, dass er reich war, tut Mustergültiges: Er nimmt sich selber und seine Sehnsucht wahr – den tiefen Wunsch nach Leben ohne Ende! –, und er sucht Rat bei einem Meister, dessen Lebenskunst und Botschaft beeindrucken. Auf sich selbst zu hören und die eigenen Bedürfnisse samt innerster Sehnsucht ernst zu nehmen, sind ein guter Anfang, ein erfülltes Leben zu finden. Auch die zwei weiteren Schritte des Mannes tragen dazu bei: Er fasst seine Sehnsucht in Worte, und er bringt sie ins Gespräch. Gute Beratungsgespräche spiegeln einer Person, was sie selber erfährt, verspürt und in sich bewegt. Oft reicht denn auch die Begegnung mit einem menschlichen Spiegel, um selber zu größerer Klarheit zu kommen und den Weg zu erkennen, der auf gute Weise weiterführt.

Jesus antwortet zunächst mit einer Erinnerung. Wer sich an einen Wanderprediger wendet, der von Gottes neuer Zuwendung zur Welt, zu seinem Volk und zu jedem Menschen spricht, dürfte selber religiös sein oder zumindest ein religiöses Grundvertrauen in sich tragen. Der Rabbi aus Nazaret spricht denn auch die Bundesgeschichte an, die Israel mit seinem Gott erlebt, feiert und fortführt. Auf dem Weg hinaus aus dem »Sklavenhaus Ägypten« und in das »Gelobte Land« erlebten jüdische Gruppen Gottes befreiende und belebende Gegenwart. Im Zuge dieser Wüstenwanderung beherzigten sie zehn Weisungen, die das Zusammenleben des Volkes gelingen lassen und ihm Wohlergehen sichern sollen.

Jesus antwortete:
»Warum nennst du mich gut?
Einer allein ist gut: Gott!
Und seine Weisungen sind dir vertraut:
Du sollst nicht morden,
nicht die Ehe brechen,
nicht stehlen,
nichts Unwahres über Mitmenschen sagen
und niemanden berauben;
Ehre deinen Vater und deine Mutter!«

Jesus verweist auf den Gott des Lebens und die Quelle des Guten – und auf seine Weisungen. Die jüdische Bibel stellt diesen – später als die »zehn Gebote« bezeichnet – die Erinnerung an den befreienden Auszug aus Ägypten und an Gott als den engagierten Befreier voran und bemerkt: Die Weisungen haben zum Ziel, dass Israel glücklich und erfüllt lebt im Land zwischen Negevwüste und Hermonberg. Tatsächlich lassen sich die zitierten Weisungen denn auch in eine positive Form übersetzen und verallgemeinernd in heutige Sprache fassen:

Achte das Leben!
Gehe sorgsam mit Beziehungen um!
Respektiere Eigentum und das Eigene jedes Menschen!
Sei achtsam mit der Wahrheit!
Gehe deinen Interessen nicht übergriffig
oder gewalttätig nach!
Verbinde Generationen!

Was das alte Israel aus seiner Gottesgeschichte gelernt und aus seiner Erfahrung als Verband nomadisierender Stämme beherzigt hat, gehört zu den Fundamenten eines guten Zusammenlebens – im Kleineren der Familie wie im Größeren eines Volkes.

Die Begegnung zwischen Rabbi Jesus und dem reichen Mann könnte hier enden. Sie geht allerdings weiter, weil der Ratsuchende mit dieser Erinnerung an die Grundlagen des persönlichen und gemeinsamen Glücks noch keine innere Ruhe findet.

»Rabbi«, erwiderte der Mann,
»diese Weisungen habe ich von Jugend an allesamt befolgt.«
Jesus sah ihn an; er gewann ihn lieb …

Der Laienrabbi aus Nazaret nimmt die Unruhe in seinem Gegenüber wahr, spürt dessen Sehnsucht nach und nimmt die Person in ihrer individuellen Lebenssituation in den Blick. Und weil dieser Mann, näher betrachtet und erfasst, zutiefst anrührt, antwortet Jesus ebenso persönlich wie liebevoll.

und sagte zu ihm:
»Eines fehlt dir:
Geh, verkauf alles, was du hast,
und gib den Erlös den Armen;
so wirst du bei Gott
einen unverlierbaren Besitz haben.
Und dann komm und folge mir!«

Markus macht deutlich: Diese zweite Antwort will nicht allgemein verstanden werden, sondern gilt einem Individuum in dessen konkreter Lage. Und auch dieser dreiteilige Rat lässt sich allgemeiner gefasst in eine moderne Sprache übersetzen: Befreie dich von deinem Haben und Habenwollen – von allem, was dich belastet, belagert und besetzt! Besitz kann zur Besessenheit führen und zwanghafte Formen annehmen. Jesus erkennt, dass der materiell Reiche noch mehr will: zusätzlich zu seinen Gütern auch noch das Gute, Leben in Fülle und ohne Ende. Das lässt sich jedoch mit verkrampften Händen nicht finden. Loslassen lautet der erste Rat Jesu: freie Hände gewinnen – und ein freies Herz. Tritt in Beziehung zu Habenichtsen, lautet der zweite Rat. Menschen, die ungesichert leben, entwickeln wertvolle Haltungen, die sie vor dem Absturz bewahren. Dazu gehören wache Augen: ein offener Blick für die Welt, für das Entscheidende, für andere Menschen und für das, was im Alltag trägt.

Ich erinnere mich an eine Begegnung auf einem deutschen Bahnhof. Sie ist mir unvergesslich. Ich hatte in tiefstem Winter bei klirrender Kälte gut 40 Minuten auf einen verspäteten Zug zu warten. Da sprach mich ein obdachloser Mann mit grauen Haarsträhnen und reichlich strapazierter Kleidung an. Auf seine Frage, ob ich ihm einen Euro geben könne, fragte ich, ob er Hunger oder Durst habe. Er erwiderte, dass er friere! Ich lud ihn zu einem Cappuccino ein und bat ihn, dazu doch ein nahes Restaurant auszuwählen. Der Ortskundige, der auf der Straße lebte, führte mich kumpelhaft in ein warmes Lokal. Noch bevor die zwei Cappuccini vor uns standen, begann er mir seine Lebensgeschichte zu erzählen. Sein Zutrauen rührte mich, zumal ich zivil gekleidet war und man mir den Franziskaner nicht ansehen konnte. Als er von Glück und Verlusten in seinem Leben erzählte und darüber das Trinken vergaß, erinnerte ich ihn daran, dass sein Kaffee allmählich lau würde. Das mache nichts, entgegnete er mit der Bemerkung, dass »schon noch Zeit« sei. Als mein Zug nach nahezu einer Stunde eintraf und ich mich aufmachen musste, umarmte er mich bei der Verabschiedung mitten in der Gaststube und bemerkte dazu: »Ich habe hier Lokalverbot, weil ich stinke, sagen sie. Doch ist der Kaffee ja bezahlt, und dafür nehme ich mir nun noch eine Stunde Zeit!« Die Überlebenskunst eines Habenichts in klirrender Winterkälte. Das Zutrauen und die Gelassenheit, die Verschmitztheit und eine kollegiale Art, sich ohne Berührungsängste mit Fremden zu verbinden, sind mir zu Herzen gegangen. Ich bin staunend weitergereist, dankbar für diese unerwartet brüderliche Begegnung und das Geteilte.

Wenn Papst Franziskus heute dazu ermutigt, die eigenen Binnenräume zu verlassen, die Menschen »an der Peripherie« wahrzunehmen und gerade in den Bedürftigsten unsere Geschwister zu erkennen, spricht er nicht bloß von Fürsorge, sondern grundlegend von einer tiefen Verwandtschaft unter Menschen, die keine Grenzen kennt. Tritt in Beziehung zu Habenichtsen, lautet der zweite Rat an den Reichen: Er wird Leben, eine Offenheit und ein Miteinander erfahren, das ihn im Innersten anrührt und verändert. Und der dritte Rat: Gewinne Schätze bei Gott, unverlierbare und unvergängliche, »die keine Motten zerfressen, kein Dieb stehlen kann und kein Rost angreift«, wie es in der Bergpredigt heißt. Glück gehört zu diesen inneren Schätzen, wie auch ganzheitlich erfüllende Erfahrungen in der Liebe, der Solidarität und einem Leben in Freiheit. Die Antwort Jesu auf die Sehnsucht des Reichen mündet in die Einladung in eine Weggemeinschaft: mit Jesus und seinem Kreis aufzubrechen. Nach freien Händen und wachen Augen sind auch mutige Füße die Chance, tieferes Glück zu finden.

Der Mann war enttäuscht über das,
was Jesus ihm sagte,
und ging traurig weg;
denn er hatte großen Besitz.

Die Begegnung endet scheinbar ernüchternd. Der »Tausch« oder der Durchbruch in eine neue Freiheit und ein neues Leben kommt nicht zustande: Jesus bietet Lebensfülle in seiner Nachfolge. Doch der reiche Mann kann sich nicht lösen, kann sich von seinen Gütern nicht trennen und den Preis »für den Schatz« nicht zahlen. Lebensfülle kann einem Schatz im Acker gleichen: Entdeckt ein Mensch diesen und erkennt seinen Wert, setzt er alles daran, den Acker zu erwerben und den Schatz zu gewinnen (Mt 13,44).

Es geht Jesus in seinen Gleichnissen und seinen Begegnungen nicht um Verzicht, sondern um Gewinn: nicht Güter zu mehren, sondern Lebendigkeit, und nicht ein egozentrisches und oberflächliches Glück zu suchen, sondern ein gemeinsames und tiefes. Die Begegnung, an deren Ende der hoffnungsvolle Ratsuchende traurig weggeht, muss nicht bei der Enttäuschung bleiben. Oft erkennen Menschen erst im Rückblick und im Verdauen des Erlebten, was sie tatsächlich weiterbringt. Der Rabbi von Nazaret steht für einen Gott, der Zeit hat und Zeit lässt.

Vom Freiraum zur Freiheit

Die eben betrachtete Begegnung irgendwo in Galiläa, als Kaiser Tiberius über das römische Weltreich regierte, enthält alle drei Freiheiten, von denen im ersten Kapitel dieses Buches die Rede war: Leben mit freien Händen, wachen Augen und mutigen Füßen. Standen sie dort im Zeichen des Pilgerns, haben sie nun ihre grundsätzliche Bedeutung offenbart.

Freie Hände können loslassen, teilen und sich mit anderen verbinden. Freie Hände sind weit mehr als leere Hände: Freihändige Menschen sind und werden handlungsfähig. Sie können Hand anlegen, etwas bewirken und die Welt gestalten. Sie können anderen Halt geben, Not wenden und Wertvolles teilen. Leere wird zur Freiheit. Jedes Lebensalter zeigt auf eigene Weise, welcher Gewinn in freien Händen liegt: Säuglinge klammern sich mit leeren Händen an die Mama oder den Papa und finden so die Nähe und die Geborgenheit, die ihnen auch innerlich Halt gibt. Kinder legen von Jahr zu Jahr mehr Spielsachen weg, wenn sie älter werden und reifen. Jugendliche lassen die Hand der Eltern los und junge Erwachsene vieles von dem, was ihnen in der Pubertät wichtig war. Der Gang durchs Leben fordert immer wieder das Loslassen: von Lebensorten und Beziehungsnetzen, von Gegenständen und Ideen, von liebgewordenen Verhaltensweisen und Lebensinhalten. Eltern haben ihre Kinder loszulassen, wenn sie erwachsen sind und eigenständige Wege gehen. Berufstätige lassen ihre Arbeitswelt hinter sich und legen nicht nur Werkzeuge und Pflichtenhefte weg, sondern verabschieden sich auch von Weggefährtinnen und

-gefährten. Das zunehmende Alter lässt die Kraft der Hände schwinden. Das Loslassen erhält neue Farben. Die eigene Mobilität wird kleiner, vertraute Menschen sterben und zittrig werdende Hände sind auf Hilfe angewiesen.

Das eigene Sterben erfordert ein letztes Loslassen: Wer sich darin geübt hat, verlässt diese Welt oft gelassen und muss sich nicht verkrampft festklammern an Dingen, an Menschen oder an der Lebenskraft, die unweigerlich schwindet. Religiosität kann das Loslassen erleichtern mit der Verheißung, dass der Lebensweg durch das Tor des Todes hindurch in eine neue Welt führt – oder in einigen Religionen mit Wiedergeburtsglauben auch neu in die Welt. Doch auch unreligiöse Menschen können mit leeren Händen offen und gelassen sterben. Der Berner Rockmusiker Polo Hofer antwortete angesichts seines nahenden Todes, ob er sich nicht fürchte: »Warum denn? Ich war und bleibe ein neugieriger Mensch!«

Auch wache Augen zeichnen vitale Menschen von Geburt an aus: Schon in den ersten Lebenswochen erkennen Säuglinge die Augen ihrer Eltern. Kleinkinder sind beruhigt, wenn Mama im Blickfeld bleibt und ihnen auf dem Spielplatz zuschaut. Kinder erkunden die Welt in immer größeren Kreisen und entdecken oft kleine Wunder des Lebens, über die Erwachsene längst hinwegschauen. Lernfreudige verschlingen Bücher und surfen virtuos durch digitale Welten. Jugendliche entwickeln früher oder später einen wachen Blick auf das, was die Welt und ihre Zukunft gefährdet, wie sie auch Wege suchen, ihre Träume wirklich werden zu lassen. Verliebte entdecken die schönsten Seiten eines Menschen und Liebende erkennen auch dessen Ecken und Kanten. Gute Eltern haben einen wachen Blick auf die

Bedürfnisse ihrer Kinder wie auch auf ihr Potential, und sie finden Wege, dieses zu fördern. Verantwortungsvolle Menschen blicken über ihre Lebenswelt hinaus und erleben sich als Teil einer Gesellschaft, einer Menschheitsfamilie und einer Mitwelt, in der auf die Dauer niemand allein glücklich bleiben und gut leben kann. Wache Augen erkennen auch das Fragile im Leben und seine Endlichkeit – und lehren, nicht im Gestern und nicht im Morgen zu leben, sondern im Heute. Und Augen, die durch das Vordergründige hindurchsehen, erkennen ein Geheimnis, das jedem Leben vorausgeht, hinter unserer Welt steht und allem bleibend Wertvollen Zukunft verleiht.

Mutige Füße sind die dritte Freiheit, ohne die Leben nicht gelingt. Rund ein Jahr dauert es, bis Menschen auf den eigenen Füßen stehen und sich aufrecht zu bewegen lernen. Kleinkinder lernen, nach einem Sturz wieder aufzustehen, und sie bewegen sich zunehmend sicher auf ihren Beinen. Entdeckungsfreudige wagen sich über die kleine familiäre Welt hinaus und erkunden neue Bereiche. Kinder weiten ihre Horizonte in der Schule und in den Ferien. Jugendliche testen neue Formen der Weggefährtenschaft, Verliebte tun es in der Partnerschaft und junge Eltern im Neuland einer eigenen Familie. Das Ende einer Beziehung kann durch gutes Lassen und Verarbeiten hindurch zum Aufbruch mit einem neuen Du führen.

Jede neue Altersschwelle ist mit mutigen Füßen besser zu meistern als mit zögerlichen. Und selbst wenn die Füße des Körpers nicht mehr tragen, können alternde Menschen seelisch auf dem Weg bleiben. Die letzten Schritte des Lebens gehen wir innerlich – je nach Weltanschauung – ins Nichts, in eine tiefe Ruhe, in eine Neugeburt oder in eine große Gemeinschaft. Die Dichterin Rose Ausländer ermutigte sich selbst mit den folgenden Zeilen auf der letzten Wegstrecke ihres Lebens. Sie schrieb dieses Gedicht 1977, als sie sich entschied, ihr Zimmer im Betagtenheim nicht mehr zu verlassen. Die beiden letzten Verszeilen atmen eine tiefe Weisheit, die sich in jeder Lebensform und in jedem Alter beherzigen lässt:

Noch bist du da

Wirf deine Angst
in die Luft

Bald
ist deine Zeit um
bald
wächst der Himmel
unter dem Gras
fallen deine Träume
ins Nirgends

Noch
duftet die Nelke
singt die Drossel
noch darfst du lieben
Worte verschenken
noch bist du da

Sei was du bist
Gib was du hast

Rose Ausländer[62]

Anmerkungen

1 Die Sendung »Reporter« zum Thema »Macht Verzicht glücklich?« wurde im Sommer 2021 ausgestrahlt und ist im Internet abrufbar: https://www.srf.ch/play/tv/reporter/video/macht-verzicht-gluecklich?urn=urn:srf:video:27a93ab2-5858-4a69-ac7700a2c92bc9d3; der Minimalist heißt Cédric Waldmüller. Die Konstellation der Reisegruppe im Intercity in dieser Einleitung ist fiktiv.

2 Zum ökologischen Fußabdruck: https://www.bundjugend.de/oekologischer-fussabdruck/

3 Vgl. Zygmunt Bauman, *Das Unbehagen in der Postmoderne*, Hamburg 1999.

4 Die Zitate finden sich in den Briefen 1, 2, 102 und 119.

5 Das Zitat ist um die Freude an Frau und Kindern gekürzt: Gotama Buddha, *Mein Weg zum Erwachen – eine Autobiografie*, auf der Grundlage des Pāli-Kanons hg. von Detlef Kantowsky – Ekkehard Sass, Konstanz 2011.

6 *Brief an Diognet* 5: *Frühchristliche Apologeten und Märtyrerakten* 1 (*Bibliothek der Kirchenväter* 12), München 1913, 9 (eigene Übersetzung NK).

7 Erzählt nach: *Geschichten wie Edelsteine. Parabeln, Legenden, Erfahrungen aus alter und neuer Zeit*, gesammelt und hg. von Joachim-Ernst Berendt, mit Zeichnungen von Brigitte Smith, Battweiler 2007 (Neuauflage; Erstauflage München 1996).

8 Der Dreiklang leitet in leicht anderer Form das Buch Anselm Grün – Andrea Schwarz, *Und alles lassen, weil Er mich nicht lässt. Berufen, das Evangelium zu leben*, Freiburg 2006.

9 Tauteam heißt ein Kreis aus einer Ordensschwester, einem Ordensbruder, einer Frau und einem Ehepaar, die je einer franziska-

nischen Gemeinschaft angehören und teilweise freigestellt sind für franziskanische Basisarbeit in der Schweiz: www.tauteam.ch

10 Vgl. Ernst SIEBER, *Menschenware – wahre Menschen. Vom Bunker zum Suneboge: die Familiengeschichte der Obdachlosen*, Gümligen [7]1987, Bern [12]1991; Ernst SIEBER, *Menschenware – wahre Menschen. Die umwerfenden Geschichten des Obdachlosenpfarrers von Zürich*, Freiburg i. Br. 1994.

11 Zu Erasmus und diesem Zitat aus dem *Enchiridion militis Christiani* von 1503: Sarah GAFFURI – Niklaus KUSTER, *Courage. 123 Kurzporträts mutiger Menschen*, Freiburg i. Br. 2022, 26–27.

12 Zu Franz von Assisi bietet eine neue historische Standardbiografie: André VAUCHEZ, *Franziskus von Assisi. Geschichte und Erinnerung*, Münster 2019; und mit der spirituellen Dimension: Martina KREIDLER-KOS – Niklaus KUSTER, *Bruder Feuer und Schwester Licht. Franz und Klara von Assisi – Zwei Lebensgeschichten im Dialog*, Ostfildern 2021.

13 Vgl. *Inspirierte Freiheit. 800 Jahre Franziskus und seine Bewegung*, hg. von Niklaus KUSTER – Thomas DIENBERG – Marianne JUNGBLUTH *in Zusammenarbeit mit der Fachstelle Franziskanische Forschung FFF*, Freiburg i. Br. 2009.

14 Vgl. Josef BÄTTIG, *400 Jahre Kapuzinerkloster Schwyz 1585–1985*, Schwyz 1985.

15 Die Bezeichnung stammt aus dem Heimatland der Kapuziner: Papst Franziskus machte die Wendung zum Ausgangspunk seiner Ansprache an das Generalkapitel, dessen Delegierte er am 14. September 2018 im Vatikan empfing.

16 Dazu: Niklaus KUSTER – Nadia RUDOLF VON ROHR, *Innere Tiefe – menschliche Weite. Inspirationen aus der franziskanischen Spiritualität*, Ostfildern 2022.

17 https://www.klosterrapperswil.ch

18 So nennt Conrad Ferdinand Meyer den Zürichsee in seinem

Werk *Huttens letzte Tage*. Ulrich von Hutten starb 1523 auf der Insel Ufenau, die weit draußen vor meinem Fenster liegt.

19 Ein von Hermann HESSE gelesenes Audio des Gedichts findet sich auf: https://www.lyrikline.org/de/gedichte/im-nebel-5490

20 Übersetzt aus Elisabeth GRAF-RIEMANN – Marlies HEYDEL – Palmira LÓPEZ PERNÍA, *Das Spanisch-Lehrwerk. El nuevo curso 3*, Berlin – München 2004, 8, hier: »El victorioso tiene muchos amigos, el vencido buenos amigos.«

21 *»Klimajugend« ist das Deutschschweizer Wort des Jahres 2019.* NZZ.ch, 3. Dezember 2019; Homepage mit aktuellem Stand: https://climatestrike.ch

22 *Der Club of Rome von 1969 bis heute:* https://clubofrome.de/historie/clubofrome.de (abgerufen am 7. September 2022).

23 http://www.club-of-rome-schulen.org/

24 Dennis MEADOWS u.a., *Die Grenzen des Wachstums* – Bericht des Club of Rome zur Lage der Menschheit (Originaltitel: *The Limits to Growth*), Stuttgart 1972, [16]1994.

25 Der Text wird nach den nummerierten Abschnitten des Originals zitiert: LS (für Laudato si') + Abschnittsnummer.

26 Die Beiträge erschienen in der Zeitschrift TAUZEIT, 24 (2022) Nr. 94, 14–15.

27 www.antoniushaus.ch

28 Ausführlicher: Sarah GAFFURI – Niklaus KUSTER, *Courage. 123 Kurzporträts mutiger Menschen,* Freiburg 2022, 190–192; Wolf-Dieter GUDOPP-VON BEHM, *Solon von Athen und die Entdeckung des Rechts,* Würzburg 2009. Charlotte SCHUBERT, *Solon*, Tübingen – Basel 2012.

29 Wolfgang KOYDL, *Die Besserkönner. Was die Schweiz so besonders macht*, Zürich 2014.

30 Vgl. Gerd THEISSEN, *Die Jesusbewegung. Sozialgeschichte einer Revolution der Werte*, Gütersloh 2004; das Alltagsleben der Frü-

hen Kirche skizziert anhand reicher Quellen anschaulich Adalbert HAMMAN, *Die ersten Christen,* Stuttgart 1985.

31 PAPST FRANZISKUS, *Fratelli tutti. Enzyklika über die Geschwisterlichkeit und die soziale Freundschaft,* Ostfildern 2020.

32 Karl Suso FRANK, *Geschichte des christlichen Mönchtums*, Darmstadt [6]2010; Ivan GOBRY, *Les moines en Occident* 1: *Les origines orientales – De saint Antoine à saint Basile,* Paris [2]1997; Juan María LABOA (Hg.), *Mönchtum in Ost und West. Historischer Atlas*, Regensburg 2003.

33 Dorothee SÖLLE, *Es muss doch mehr als alles geben. Nachdenken über Gott*, Freiburg i. Br. 2006.

34 Vgl. PACHOMIUS, *Klosterregeln. Gebote, Gebote und Weisungen, Gebote und Entscheidungen, Gebote und Gesetze,* hg. von Heinrich BACHT, St. Ottilien 2010. Wolfgang SIEPEN, *Weg der Erkenntnis – Weg der Liebe. Grundzüge eines Vergleichs des spirituellen Meister-Schüler-Verhältnisses beim Buddha und bei Pachomius* (Diss. Tübingen), Mainz 1992.

35 Vgl. Hugo BALL, *Byzantinisches Christentum: Drei Heiligenleben,* Frankfurt a. M. 1979, Neuauflage, hg. und kommentiert von Bernd WACKER, Göttingen 2011.

36 Das *Asketikon* findet sich in einer modernen und kommentierten Ausgabe in: BASIL OF CAESAREA, *Questions of the Brothers, Syriac Text and English Translation,* hg. von Anna M. SILVAS, Leiden 2014.

37 Zu Benedikts Regel und Lebenskunst: Georg HOLZHERR, *Die Benediktsregel. Eine Anleitung zu christlichem Leben. Der vollständige Text der Regel*, Freiburg i. Ue. 2005; Michela PUZICHA, *Der Regel als Lehrmeisterin folgen,* St. Ottilien 2013; Michaela PUZICHA, *Kommentar zur Benediktsregel,* im Auftrag der Salzburger Äbtekonferenz, St. Ottilien 2015.

38 Vgl. *Meterikon. Die Weisheit der Wüstenmütter,* hg. von Martirij

Bagin / Andreas-Abraham Thiermeyer, Augsburg 2004; Maria Heine, *Die Spiritualität von Asketinnen. Von den Wüstenmüttern zum städtischen Asketinnentum im östlichen Mittelmeerraum und in Rom vom 3. bis zum 5. Jahrhundert*, Münster 2008.

39 Aus: Juan Maria Laboa (Hg.), *Mönchtum in Ost und West. Historischer Atlas,* Regensburg 2003.

40 Seán Duffy, *The Concise History of Ireland*, Dublin 2005, 50; vgl. Niklaus Kuster – Albert Gasser, *Vom Urchristentum in die Gegenwart. Kirchengeschichte* (Studiengang Theologie III), Zürich [3]2023, 113–116.

41 https://www.srf.ch/play/tv/reporter/video/macht verzicht-gluecklich?urn=urn:srf:video:27a93ab2-5858-4a69-ac77-00a2c92bc9d3 (letzter Abruf 9.3.2024). Die Sendung ist in Schweizer Dialekten produziert. Die Zitate aus den Interviews werden im Folgenden sinngetreu ins Hochdeutsche übersetzt.

42 Homepage: https://www.camaldoli.it/comunita-monastica/sacro-eremo/

43 Inspiriert durch Anselm Grün – Andrea Schwarz, *Und alles lassen, weil Er mich nicht lässt,* wie Anm. 8, 220–221, und mit Andrea Schwarz' Einverständnis modifiziert abgedruckt in: Niklaus Kuster, *Leben tief und weit. Ein biblischer Jahresbegleiter,* Stuttgart 2015, 16. Das Gebet wird hier noch einmal leicht verändert.

44 *Franziskus-Quellen* (Zeugnisse des 13. und 14. Jahrhunderts zur Franziskanischen Bewegung 1), hg. von Dieter Berg – Leonhard Lehmann, Kevelaer 2009 (= FQ), 682–683, hier frei übersetzt.

45 FQ 585–586, mit vertiefenden Fachbeiträgen: *Pellegrini e forestieri. L'itineranza francescana*, a cura di Luigi Padovese, Bologna 2004.

46 Aus dem Lateinischen in: *Patrologia Latina* 32, 1465; vgl. *Ein Lied, das nur die Liebe lehrt. Texte der frühen Zisterzienser,* ausge-

wählt, übersetzt und eingeleitet von Bernardin SCHELLENBERGER, Freiburg i. Br. 1981, 123.

47 Vgl. Martina KREIDLER-KOS – Ancilla RÖTTGER – Niklaus KUSTER, *Klara von Assisi. Freundin der Stille – Schwester der Stadt,* Kevelaer [4]2015.

48 PAPST FRANZISKUS, *Fratelli tutti. Enzyklika über die Geschwisterlichkeit und die soziale Freundschaft,* Ostfildern 2020. Der Text wird nach den nummerierten Abschnitten des Originals zitiert: FT (für Fratelli tutti) + Abschnittsnummer.

49 https://studienart.gko.uni-leipzig.de/antike-poster/2018/06/19/das-hoehlengleichnis-nach-platon/ (letzter Abruf 18. 3. 2024).

50 COMUNITÀ DEI MONACI DI CAMALDOLI, *Saltero monastico – canto e preghiera*, a cura di Thomas MATUS, Bologna 2014, 583 (Nr. 561).

51 Vgl. Jean-Paul SARTRE, *Das Sein und das Nichts*, Hamburg [10]1993.

52 Röm 8,19 in einer eigenen Übersetzung.

53 Im *Saltero monastico – canto e preghiera* (wie Anm. 50), 590–591 (Nr. 568) – vgl. *Gotteslob* Nr. 666,4.

54 So die Version von Karl Marx in seinem Werk *Zur Kritik der Hegelschen Rechtsphilosophie* (Einleitung). Lenin wird es zu »Opium für das Volk« umformulieren.

55 Vgl. FQ 40–41; zum Sonnengesang und seiner Genese: Jacques DALARUN, *Il Cantico di frate Sole. Francesco d'Assisi riconciliato,* Milano 2015, 25–40 (= »Genesi del Cantico«); Niklaus KUSTER, *Mit der Schöpfung den Schöpfer feiern. Spiritualität und Botschaft im »Sonnengesang« des Franz von Assisi.* In: *Mit Sorge – in Hoffnung. Zu Impulsen aus der Enzyklika Laudato si für eine Spiritualität im ökologischen Zeitalter,* hg. von Thomas DIENBERG – Stephan WINTER. Regensburg 2020, 37–61.

56 FQ 389–390 (2 C 165); vgl. 1 C 80–81.

57 Komplette Werkausgabe: Hildegard von Bingen, *Werke* 1–10, hg. von der Abtei St. Hildegard in Eibingen, Beuron 2017.

58 Mit dem Bericht des Biografen über das geradezu zärtliche Sterben des Mystikers: FQ 415–418 (speziell 2 C 217). Zum Sonnengesang, seiner Komposition, Geschichte und Botschaft: Jacques Dalarun, *Il Cantico di frate Sole. Francesco d'Assisi riconciliato*, Milano 2015, und Niklaus Kuster, *Mit der Schöpfung den Schöpfer feiern* (wie Anm. 55).

59 FQ 61: *»peregrini et advenae«* (Testament 24), ebenso FQ 98 (Bullierte Regel 6).

60 Bargil Pixner, *Mit Jesus durch Galiläa nach dem fünften Evangelium*, Rosh Pina 1992; Walter Bühlmann, *Wie Jesus lebte. Vor 2000 Jahren in Palästina. Wohnen – Essen – Arbeiten – Reisen*, Luzern [4]2001.

61 Mk 10,17–22 (aus dem Griechischen übersetzt von NK).

62 Rose Ausländer, Noch bist du da. Aus: dies., Ich höre das Herz des Oleanders. Gedichte 1977–1979, hg. v. Helmut Braun © 1984 S. Fischer Verlag GmbH, Frankfurt am Main.

Niklaus Kuster

Unser aller Vater
Beten wie Franz von Assisi

120 Seiten, farbig,
Hardcover mit Leseband
ISBN 978-3-8436-1219-7

Niklaus Kuster · Nadia Rudolf von Rohr

Fernnahe Liebe
Niklaus und Dorothea von Flüe

192 Seiten, farbig, Hardcover mit Leseband
ISBN 978-3-8436-0876-3

Niklaus Kuster

Wenn der Funke überspringt …
Theresia Haselmayr – Regens Wagner.
Eine Geschichte mit Zukunft

200 Seiten, farbig, Hardcover mit Leseband
ISBN 978-3-8436-1339-2

Martina Kreidler-Kos · Niklaus Kuster

Bruder Feuer und Schwester Licht

Franz und Klara von Assisi.
Zwei Lebensgeschichten im Dialog

376 Seiten, farbig,
Hardcover mit Leseband
ISBN 978-3-8436-1301-9

Niklaus Kuster · Nadia Rudolf von Rohr

Innere Tiefe – grenzenlose Weite

Inspirationen aus der franziskanischen Spiritualität

200 Seiten, farbig, Hardcover
ISBN 978-3-8436-1363-7

Patmos

Foto: George Francis Xavier

Niklaus Kuster kam 1962 in einem Bauerndorf unweit des Zürichsees zur Welt. Nach dem Abitur in Appenzell studierte er Geschichte in Fribourg. Erschüttert von der sozialen Schattenwelt der Stadt und beeindruckt von Franz von Assisi, trat er 1984 in den Kapuzinerorden ein. Die Brüder bewegten ihn, nach dem Noviziat in Solothurn zunächst Theologie und dann Spiritualität zu studieren. Zwischen die Studienjahre in Luzern und Rom schob sich ein Einsatz in der Zürcher Drogenszene.

1996 schloss die Ausbildung mit dem Doktorat über den Gründer der Schweizer Caritas. Dass das ursprüngliche Ziel, Sozialarbeiter zu werden, dem Engagement als spiritueller Begleiter wich, verdankt sich auch einer Begegnung beim ZDF in Mainz. Ein auf Suchtphänomene spezialisierter Psychiater legte dem jungen Ordensbruder nahe, sozialen Problemen vorzubeugen, weil viele in einer tiefen Sinnkrise wurzeln: Franziskaner hätten als Gottes- und Menschenfreunde die Chance, Wege zu Tiefe und Weite im Leben aufzuzeigen.

Dem Studium folgten Jahre im Kloster Altdorf, das als »Haus der Stille« jede Woche sechs Gäste aufnahm, und im Kloster Schwyz mit franziskanischer Netzwerkarbeit in der ganzen Schweiz. Ab 2004 war das Kloster Olten Basislager für den wandernden Bildungsarbeiter, der an den Universitäten von Fribourg und Luzern sowie den Ordenshochschulen von Münster, Venedig und Madrid lehrt(e). In der Franziskusforschung engagiert, setzt sich Bruder Niklaus national und international für die Weiterbildung der franziskanischen Ordensfamilie ein. Seine Reisen führten dazu bis Thailand, Madagaskar, Mittel- und Südamerika. Der Autor von über 50 Büchern begleitet Kurse, Klausurzeiten und Pilgerreisen. Seit 2021 lebt er im »Kloster zum Mitleben« von Rapperswil.